Rosemarie Pade & Josef Mazur
Aura – Farben des Lichts

Josef Adam Mazur

Rosemarie Gitta Pade

Aura
Farben des Lichts

- *Begleitung zur Heilung*
- *Licht-Farb-Analyse*
- *Aura-Foto-Diagnose*

Gayatri-Verlag

Erste Auflage – Januar 1999

© Gayatri-Verlag, Schöna 1999
Alle Rechte vorbehalten

Einbandgestaltung: Marko Fistrek
Satz: Helge Bauer

ISBN 3-00-003903-1

Inhalt

Vorwort 7
Einleitung 9
Zur Einstimmung 11

Kapitel 1 Die Grundlagen
Was ist die Aura? 15
Kann man die Aura mit den Augen sehen? 17
Wie kann ein Foto-Meß-Gerät die Aura sehen? 19
Welche Gemeinsamkeiten haben die Kirlian-
und die Aurafotografie? 20
Das Aurabild im Gesamteindruck 22

Kapitel 2 Die Analyse
Was sagen die Positionen der Farben 29
Die Erklärung der Farben und deren Intensität 34
Die Bedeutung von Schwarz und Weiß im Aurafoto ... 40
Spiel mit den Farben 41
Welche Schwächen und Stärken sind
im Aurabild sichtbar? 44
Warum zeigen sich meine Emotionen, Gedanken
und Willensimpulse in Farbe? 45

Kapitel 3 Erkenne Dich selbst
Wobei hilft mir die Aura-Foto-Diagnose? 51
Sinnvolle Behandlungen 53
Ergänzung zur Therapiemöglichkeit mit dem Licht ... 58
Interpretation der Aurafotografien 59

Kapitel 4 Fallbeispiele
Einleitung zu den Fallbeispielen 77
Beschreibung von Fällen 85

Anhang
1 Schlußwort – Aura der „Endzeit" 106
2. Farbtafeln 113
3. Über die Autoren 125
4 Aktivitäten für die Leser 127

Vorwort

In einer Zeit, in der das Interesse für Esoterik rapide zunimmt, in der das Interesse an energetischen Therapieformen wie Farbtherapie weite Kreise zieht, in der die chinesische Körperakupunktur mit ihren energetischen Meridianen und die französische Ohrakupunktur mit ihren medizinischen Möglichkeiten mehr und mehr von Ärzten und Krankenkassen anerkannt werden, ist es gut, wenn ein Team von Spezialisten versucht, Energiefelder sichtbar zu machen. Die weitverbreitete Skepsis gegenüber der energetischen Medizin wurzelt vor allem in der Problematik, Energie, Energiefluß, Energiestau, Vitalität, Dynamik, Lebenskraft in irgendeiner Form sichtbar zu machen und zu messen. Für die Intensität der Lebenskraft gibt es keinen objektiven Parameter.

In dem vorliegenden Buch wird gezeigt, welche Farben welchen Bewußtseinsinhalten und Gefühlsrichtungen zugehörig sind und wie durch Bewußtwerdung von Problemfeldern und Arbeit an sich selbst die Farben der Aura einen Wandel erfahren.

Es wird weniger eine medizinische Diagnose gestellt – dafür gibt es genügend andere Möglichkeiten – es wird die Lebenssituation in der jeweiligen Entwicklungsstufe farblich erfaßt. Es bedarf der Deutung und des Gesprächs, um sowohl eine Standortbestimmung durchzuführen als auch Wege der Weiterentwicklung zu erkennen.

Es ist ein interessanter Weg, ausgehend von einer Aurafotografie, einen psychotherapeutischen Prozeß von Erkenntnis und Weiterentwicklung einzuleiten. Bei dieser bewußtseinsbildenden Arbeit ist ein gesprächsbegleitender Psychotherapeut sicher von großem Nutzen.

Neben die Momentaufnahme wird in der Zukunft die Sequenz treten, aus der dann hervorgehen wird, inwieweit sich eine seelische Entwicklung in der Aurafotografie spiegelt.

Vorwort

Auch eine technische Fortentwicklung ist jetzt schon abzusehen, so daß eines Tages die verschiedenen Auraschichten fotografisch genauer abgegrenzt werden können, um Aussagen zu präzisieren.

Dem vorliegenden Buch von Rosemarie Pade und Adam Mazur einschließlich dem hier aufgezeigten neuen Weg darf ein interessierter Leser gewünscht werden.

Dr. Heinrich Zeeden
Facharzt für Innere Medizin und Rheumatologie, Ortenberg

Einleitung

Dieses Buch entstand aufgrund von Nachfragen und Anregungen meiner Freunde und Klienten.

Mir liegt daran, das Buch so knapp und klar wie möglich zu halten, damit sich jeder, der es gelesen hat, eine Vorstellung über die Möglichkeiten der Visualisierung des menschlichen Bioenergiefeldes machen kann.

Ich möchte mit diesem Buch jeden erreichen, der an der eigenen Bewußtseinsentwicklung arbeiten will, aber nicht unbedingt die wissenschaftliche Grundlage der modernen Physik und Medizin hat.

Mir liegt ebenfalls daran, daß ich die Quintessenz meiner bisherigen Aktivitäten und Erfahrungen verständlich darstelle. Die Beschäftigung mit den Lichtfarbenergien war in vielen alten Kulturen geheimgehalten worden. Ab dem Zeitpunkt, als Johann Wolfgang von Goethe seine „Farbenlehre" geschrieben hat, wurde das Interesse für Licht und Farbe zunehmend größer, bis es am Anfang des 20. Jahrhunderts den Höhepunkt erreichte. Im Jahre 1903 erhielt Professor Niels Finsen als Anerkennung seiner wissenschaftlichen Forschungsergebnisse, in denen er Beweise für die Objektivität der Wirkung der Farben auf den Menschen lieferte, den Nobelpreis.

Durch die Weiterentwicklung der Computer- und Meßtechnik sind wir heute imstande, die Energien, mit denen der Mensch arbeitet, zu messen. Sie farblich zu visualisieren ist ein wichtiger Fortschritt in Richtung Holismus. Der ganzheitliche Ansatz kann hier nicht nur in der Philosophie, sondern in vielen anderen Wissensbereichen Fuß fassen.

Das holistische Denken ist in der Medizin stark im Kommen. Immer mehr Ärzte interessieren sich für die spirituelle Herkunft des Menschen. In ihrem Medizinstudium wurde dieses Wissen stark vernachlässigt. Der Mensch besteht nicht nur aus dem physischen Körper und darf nicht zur komplizierten

Einleitung

Maschine degradiert werden. In Diagnostik und Therapie wird das Wissen über die feinstofflichen Körperlichkeiten einbezogen werden.

Die Heilpraktiker sind auf diesem Gebiet schon seit Jahren erfolgreich. Ich stelle jedoch fest, daß den Heilpraktikern gelegentlich das Wissen über die Funktionsweise des physischen Körpers fehlt, das sich Ärzte in ihrem mehrjährigen Studium angeeignet haben. Die Lösung läge in der Zusammenarbeit und im Austausch der Informationen der beiden Therapierichtungen, indem das männliche Prinzip der Konkurrenz, zugunsten der Patienten, dem weiblichen Prinzip der Kooperation weicht.

Meine Arbeit liegt dazwischen, deswegen verstehe ich mich als Brücke zwischen den beiden „feindlichen" Lagern. Ich bin fest davon überzeugt, daß die Medizin der Zukunft die holistische ist. Das Bewußtsein der Menschheit wird dafür immer reifer.

Als Bewußtseinserweiterungsprozeßbegleiter erreiche ich die Menschen, die bereit sind, diesen Entwicklungsweg zu gehen.

Möge dieses Buch viele Menschen dazu anregen, aktiver ihr eigenes Leben in Griff zu nehmen und den Mut zu fassen, sich selbst zu realisieren.

Josef Adam Mazur

Zur Einstimmung

Setzen Sie sich still hin und schaffen Sie sich „Raum". Einen heilen Innenraum in einem gemütlichen Außenraum. Nehmen Sie sich „Zeit" und schließen Sie für ein paar Minuten die Augen. Genießen Sie das „Dunkel" und das „Schweigen"!

Pause

Dann erst öffnen Sie die Augen und beginnen zu „Sehen" und zu „Hören". Wer „Licht" und „Farbe", „Töne" und „Worte" wirklich be-greifen möchte, muß den Mut haben, diese ganz in sich geboren werden zu lassen.

Das geschieht aus der Mitte heraus, in der Stille der Seele, in der Stille des Herzens, des Geistes und des Körpers.

Diese Lichtgeburt in Dir ist lange, ja sehr lange bevor die Intuition für dieses Buch geboren wurde, bevor die Idee zu Gedanke, die Gedanken zu Worten und die Worte zur Schrift in diesem Buch wurde. Schon dort ist Dein „Licht-sein"!

Wenn Sie dort wirklich angekommen sind, dann erst lesen Sie weiter, denn dann spricht das Buch wirklich zu Ihrem Herzen von Dingen, die weit über unsere Raum-Zeit-Dimension hinausgehen. Und Sie werden mehr lesen, als Ihnen Worte über das Licht und die Aura je sagen können. Sie werden durch die Tiefe hinter den Worten sich selbst ent-decken und wieder-finden.

Dann wird es wirklich „Licht" in und um Sie. In diesem Sinne meinen Segen

Susanna Rieser
Heilpraktikerin, Garmisch-Partenkirchen

Kapitel 1
Die Grundlagen

*Gott ist einfach.
Alles was einfach ist, ist göttlich.
Alles was nicht einfach ist,
ist nicht göttlich
und gehört nicht in meine Welt.*

Alles schwingt, alles ist in Bewegung. Oft können wir Gedanken und Gefühle unseres Gegenüber an dessen Körperhaltung und Mimik ablesen. Wir spüren intuitiv die Stimmung, in der dieser Mensch ist, wir spüren seine Schwingung und das ganz besonders, wenn wir lieben. Wir sehen einen Menschen an und „wissen", was mit ihm los ist. Wir können seine Ausstrahlung spüren. Wir erkennen die Aura, das Kraftfeld, dieses Menschen und fühlen uns von ihm abgestoßen oder zu ihm hingezogen. Aber – wissen wir auch warum?

Dieses Kapitel vermittelt Ihnen die Grundlagen zum Verständnis Ihrer eigenen Aura, des Strahlungsfeldes eines jeden Menschen. Ein Meßgerät nimmt Ihre momentane Gemütsverfassung und Ihre daraus resultierende Aura auf. Dies ermöglicht Ihrem Bewußtseins-Erweiterungs-Begleiter, die verschiedenen Farben, die auf dem Polaroid-Foto zutage treten, zu interpretieren.

Was ist die Aura?

Aura ist die Ausstrahlung, das elektromagnetische Umfeld eines Menschen. Es kommen verschiedene Wellenlängen zustande, die als Licht im ätherischen, astralen und geistigen Bereich wirksam sind.

Für viele Menschen sind die Farben des ätherischen Bereichs der Aura wahrnehmbar, z. B. sieht man bei Pflanzen ein silberschimmerndes Energiefeld, ein paar Zentimeter um die Bäume herum. Beobachtet man sie längere Zeit, besonders im Morgengrauen, kann man diese flimmernde Energie um die Pflanzen und Bäume herum sehen. Bei höherer Luftfeuchtigkeit übernehmen die Wasserpartikel der Luft die Schwingungen und lassen sich dadurch für das menschliche Auge besser aufnehmen.

Die anderen Energien sind noch viel feinstofflicher, wie z.B. die astrale Energie, die Trägerin von Gedanken, Gefühlen und Willensimpulsen ist. Über diese Energie verfügen auch Tiere, sie können denken, fühlen und wollen. Tierbesitzer können gut feststellen, daß ein Tier willensmäßig ab und zu sogar stärker als der Mensch ist. Gefühlsmäßig ist ein Tier oft reiner als ein Mensch. Freude, Ärger oder Angst sind bei einem Tieres viel besser abzulesen als bei einem Menschen, der oft in Deckung geht und sich selbst und die anderen täuscht.

Pflanzen besitzen nur die Lebensenergie und deren Aura reicht nicht so weit wie bei Mensch und Tier. Ergänzt um die seelischen Fähigkeiten, hat die menschliche und tierische Aura ein viel größeres Volumen. Der Mensch, bereichert um das geistige Element, strahlt sein Licht in die Unendlichkeit. Hier findet der Informationsaustausch statt, d.h. Senden und Empfangen über unbegrenzte Entfernungen. Es ist kein Ende der Aura festzustellen, sie hört nie auf und verbindet sich mit anderen Wesenheiten.

Menschen, die feinfühliger sind und sich in der Wahrnehmung von Informationen aus der geistigen Welt geübt haben,

Die Grundlagen

können die Schwingungen „lesen". Wir tauschen sie oft unbewußt mit anderen Wesenheiten, z.B. mit Engeln. Aus welchen geistigen Ebenen sie auch immer kommen, wollen sie uns auf verschiedene Art und Weise helfen, wenn wir dazu bereit sind und es zulassen.

Bereit sein bedeutet, die Helligkeit und die hohe Schwingung bewußt in uns aufzunehmen, damit wir immer heller werden, und immer mehr Energie von der geistigen Welt verkraften können. Somit können wir immer durchsichtiger, durchlässiger und transparenter werden. Wir werden anfangen zu leuchten und wenn wir die entsprechende Schwingung erreichen, können wir immer mehr von der geistigen Welt aufnehmen und an die Menschen weitergeben, die diese Helligkeit brauchen.

Das bedeutet nicht, daß wir in uns Helfersyndrome entstehen lassen sollen und meinen, wir seien entwickelter als andere Menschen. Wir wollen aus der Erkenntnis heraus handeln: „Vor Gott sind wir alle gleich." Jeder geht seinen eigenen Weg, auf dem er durch seine Handlungen und Aktivitäten besser wird als ein anderer, aber nur auf einem bestimmten Gebiet. Auf anderen Gebieten sind andere Menschen besser. Wenn wir resümieren, was wir und andere erreicht haben, stellen wir fest: Wir sind vor Gott bzw. vor der bedingungslosen Kraft des Universums alle gleich.

Diese Bedingungslosigkeit, die Liebe, die göttliche Energie, ist die höchste Schwingung in jedem Menschen. Dieses geistige Element ist unverletzbar. Wo keine Erwartungen sind, gibt es keine Krankheit, keinen Schmerz und kein Leid.

Wir sind nur dann verletzbar, wenn wir nicht in der Liebe sind, also wenn wir Erwartungen an andere Menschen oder an bestimmte Lebenssituationen stellen. Jede Erwartung beinhaltet Bedingungen, die uns in der Liebe täuschen. Deswegen brauchen wir auch eine gegenwirkende Kraft, Enttäuschung, die immer mit Schmerz und seelischen Verletzungen verbunden ist. Deren Auswirkungen spiegeln sich im Körperlichen in Form von Krankheiten. Wir werden nur dann krank, wenn wir beharrlich in eine falsche Richtung gehen.

Was ist die Aura? Kann man die Aura mit den Augen sehen?

Von unserem höheren Ich, unserem geistigen Element, von der geistigen Kraft in uns, werden wir gelenkt und wieder auf den richtigen Weg zurückgebracht – zur Bedingungslosigkeit. Wenn wir aus der geistigen Ebene strahlen, unseren ätherischen und astralen Bereich soweit erhellen, daß wir alle Körperlichkeiten in Einklang mit der göttlichen Energie bringen, dann sind wir unverletzbar und nie krank. Nur die Trennung von der göttlichen Liebe macht uns krank und verletzbar.

Die unterschiedlichen energetischen Farbschwingungen, mit denen man arbeitet, äußern sich natürlich auch in der Aura. Sie sind in der Aura des Menschen sichtbar. Man sieht, ob ein Mensch hell oder dunkel ist, mit welchen Problemen er sich zur Zeit beschäftigt, ob er extrovertiert oder introvertiert ist, wie er mit seinem Denken, Wollen und Fühlen, mit seiner Vergangenheit und Zukunft, mit seinen männlichen und weiblichen Kraftelementen umgeht.

Aufgrund der unterschiedlichen Schwingung, der Größe und Anordnung, des Helligkeitsgrades und der Klarheit der Farbenergie im Aurabild, erhalten wir mehr Informationen über einen Menschen als wenn er selbst von sich spricht oder wenn er nur körperlich untersucht wird. Die Diagnose im energetischen Bereich ist genauer und direkter.

Die Möglichkeiten der Aura-Diagnose werden noch weiter erforscht und entwickelt. In der Zukunft wird sie eine wesentlich größere Rolle spielen.

Kann man die Aura mit den Augen sehen?

Es ergibt sich die Frage: Wie kann man die Aura wahrnehmen? Es gibt Menschen, die die Energie mit dem Tastsinn fühlen. Sie können eine Person abtasten und feststellen, ob viel oder we-

Die Grundlagen

nig, helle oder dunkle, starke oder schwache, gestaute oder fließende Energie vorhanden ist.

Die meisten feinfühlenden Menschen übertragen die Wahrnehmung auf die Sinne. Es ist aber nicht das menschliche Auge, das die Aura sehen kann. Hellsichtige Menschen sehen die Farben mit ihrer Intuition, mit dem sogenannten dritten Auge. Physisch gesehen liegt dieser Punkt zwischen den Augen, in der Mitte des Kopfes. Hier liegt die Zirbeldrüse, die auf dem türkischen Sattel vor dem Kleinhirn angesiedelt ist. Sie ist etwas kleiner als das normale menschliche Auge, aber wie die Netzhaut des Auges aufgebaut. Sie nimmt jedoch andere Energieschwingungen wahr und überträgt sie auf die körperlichen Instrumente, mit denen wir auf der physischen Ebene in Form von Sinnesorganen arbeiten.

Unsere Augen nehmen ein Spektrum zwischen 400 und 780 Nanometer wahr. Durch das Spalten des weißen Lichts bekommen wir eine Farbbreite zwischen Rot und Violett. Mehr können wir nicht sehen. Es gibt Lebewesen, die eine andere Energieschwingung wahrnehmen können, z.B. sehen Bienen noch den ultravioletten Bereich und manche Spinnenarten sogar im Gammabereich, aber sie sehen wiederum darunter gar nichts. Die Wahrnehmbarkeit ist nur eine Verschiebung im energetischen Schwingungsbereich.

Der Mensch kann also mit seinen Augen die Aura nicht sehen. Man kann die Wahrnehmung von den hohen Schwingungen der Intuition auf die Sinnesorgane übersetzen.

Ich will damit nicht sagen, daß wir die Aura nicht sehen können. Ich möchte nur richtigstellen, daß es nicht möglich ist, durch gewisse Übungen in die Lage versetzt zu werden, die Aura mit unseren körperlichen Augen direkt sehen zu können. Der Grund dafür ist, daß die reale Welt nicht räumlich und dadurch auch nicht zeitlich ist.

Es erfordert immer eine Übersetzung, um die Empfindungen und Wahrnehmungen interpretieren zu können, die per Intuition aufgenommen werden. Besser ist es, diese Intuition zu schulen und auf deren Ebene die Kontakte zur geistigen Welt herzustellen. Das geschieht auf der Liebes- Dankbarkeits- und Weisheitsschwingung.

Die Menschen, die tiefgläubig sind, brauchen keine Beweise. Sie glauben. Um das Bewußtsein weiter entwickeln zu können, war die Phase des Materialismus notwendig, eine Zeit, in der sich die Menschheit von der Religio entfernt hat. Mit einem sich verändernden Bewußtsein werden wir in eine neue Epoche starten.

In dieser neuen Zeit, in der wir viel mehr mit der Energie der Liebe arbeiten werden, wird auch entsprechend weniger Schmerz, Krankheit und Leid vorhanden sein. Die Menschen, welche die nächste Bewußtseinsstufe erreichen, werden nicht mehr krank, weil Leid und Schmerz nur als Folge des polaren Denkens und Fühlens entstehen kann.

Wie kann ein Foto-Meß-Gerät die Aura sehen?

Das Meßgerät ist ein Hilfsapparat. Es wäre nicht erforderlich, wenn wir genügend Vertrauen in die eigene Intuition und auf eigene Wahrnehmungsmöglichkeiten hätten. Wir Menschen brauchen noch Beweise. Einerseits wollen wir uns intuitiv vorwärts entwickeln, andererseits wollen wir prüfen, ob wir tatsächlich auf dem richtigen Wege sind. Dazu können uns unter anderem solche Geräte wie das Aurafotospektrometer dienen.

Dieser Aura-Apparat ist etwas Einmaliges. Ich kenne kein vergleichbares Gerät, das die Farbenergien so gut darstellen kann. Es funktioniert deshalb so gut, weil wir an bestimmten Stellen an unserem Körper immer die Ganzheit tragen. Sogar in jeder Zelle spiegelt sich die Ganzheit. Selbst in einem Myozyt, einer kleinen Muskelzelle ist diese Ganzheit eingespei-

Die Grundlagen

chert. Die einzelnen Zellen könnten sonst nicht mit anderen Einheiten kommunizieren und zusammenarbeiten.

Die Meßgeräte können an Händen, Füßen, Ohren, Haaren, Augen usw. die Ganzheit des Menschen wahrnehmen. Die Aurafotografie nimmt die Energie von den Resonanzpunkten der Hände wahr.

Diese wahrgenommene Schwingung wird durch einen ersten Computer aufgenommen, verstärkt und geordnet. Ein zweiter Computer überträgt die Schwingungsdaten in Form von Farben auf das vorher gemachte Polaroidbild. Die Farben der Aura bekommen eine Richtung, einen Helligkeitsgrad, einen Platz und eine Form. Damit kann eine Interpretation durch den Fachmann erfolgen.

Das bedeutet aber nicht, daß die Aura des Menschen starr ist und unverändert bleibt, wie ihre Darstellung auf dem Bild. In der Realität ist sie in Bewegung. Ich habe schon mit einem Probegerät gearbeitet, das noch nicht auf dem Markt ist, mit dem die Bewegung der Aura sichtbar gemacht werden kann.

Man kann auf dem Aurafoto sehen, welche Farbenergien sich der Mensch aus der geistigen Welt geholt hat. Die Chakren sind hier die Transformatoren, die die hohen energetischen Schwingungen des Universums in die Energien umsetzen, mit denen der Mensch, oft noch unbewußt, arbeiten will.

Welche Gemeinsamkeiten haben die Kirlian- und die Aurafotografie?

Beides sind Meßgeräte. Beide messen bestimmte energetische Schwingungen. Die Kirlianfotografie eignet sich, Krankheiten im physischen Bereich festzustellen. Sie mißt hauptsächlich die ätherischen Kräfte des Menschen, des Tieres und der Pflanzen. Deswegen ist es möglich, mit der Kirlianfotografie ein

Gemeinsamkeiten von Kirlian- und Aurafotografie

Blatt zu fotografieren, um damit zu beweisen, daß die Pflanze ein energetisches Schwingungsfeld besitzt.

Man kann damit sehr interessante Untersuchungen durchführen, z.B. ein Blatt als Ganzes fotografieren, dann einen Teil des Blattes abschneiden und nochmal fotografieren. Wenn anschließend der Rest des Blattes fotografiert wird, zeigt sich auf dem Foto durch die ätherische Kraft dennoch das vollkommene Blatt, obwohl physisch nur noch ein Teil des Blattes existiert.

Mit der Kirlianfotografie kann ich ziemlich genau feststellen, welche Organe genug Kraft/Licht zur Verfügung haben. Durch bestimmte feinstoffliche Methoden lassen sich hier Korrekturen im ätherischen Körper z.B. durch Bachblüten, Aurasoma, Homöopathie, Farbtherapie u.a. durchführen.

Die Aurafotografie zeigt uns den astralen Bereich, der bei den Pflanzen nicht vorhanden ist. Ich habe vor einiger Zeit einmal einen Hund fotografiert, der sehr starke Angst vor der Kamera hatte. Es war hochinteressant zu sehen, wie sich sein emotionaler Zustand auf dem Bild darstellte.

Das Aurafoto zeigt mir Gefühle, das Denkvermögen eines Menschen, die Art, wie er denkt, hell oder dunkel, wie er sich mit der eigenen Vergangenheit auseinandersetzt, welche Energie er in seine Zukunft projiziert, wie er seine Energie programmiert, usw. Die Aurafotografie arbeitet mit anderen Schwingungen als die Kirlianfotografie. Beide Geräte sind gut zu verwenden, haben jedoch verschiedene Einsatzbereiche: die Aurafotografie im astralen und die Kirlianfotografie im ätherischen Bereich.

Die Grundlagen

Das Aurabild im Gesamteindruck

Der Mensch baut die verschiedenen Farbnuancen aus dem weißen Licht, in dem die Spektralfarben (Regenbogenfarben) enthalten sind.

Interessanterweise haben die Chakren die gleiche Farbverteilung wie der Regenbogen. Die Farbe Rot wird im ersten (Wurzelchakra) erzeugt. Orange wird im zweiten (Sakralchakra), Gelb im dritten (Solarplexus-Chakra), Grün im vierten (Herzchakra), Blau im fünften (Kehlkopfchakra), Indigo im sechsten (Drittes-Auge-Chakra) und Violett im siebten Chakra (Kronenchakra) gebildet.

Die verschiedenen Energien eignen sich hervorragend zur Speicherung diverser Erfahrungen und Eigenschaften des Menschen. Die Art der Energien, ob hell oder dunkel, hängt damit zusammen, wie weit der Mensch „erhellt" ist, welchen Bewußtseinsgrad er erreicht hat.

Die rote Energie eignet sich hervorragend für die Beschäftigung mit irdischen Angelegenheiten. Wir sind auf die Erde gekommen, um uns mit bestimmten Aufgaben auseinanderzusetzen. So wird z.B. die rote Farbe zum Kämpfen, Verteidigen, Gestalten, Bauen, genutzt. Aufgrund der Farbe, die im Aurabild sichtbar ist, weiß ich, mit welchen Problemen die Person zu tun hat und wie sie ihre Energie nutzt: hell oder dunkel.

Ein helles Rot bedeutet beispielsweise verständnisvoller, liebevoller Umgang mit sich selbst und anderen Menschen.

Ein dunkles Rot kann Ungeduld, Unter-Stress-Stehen, ausschweifende Sexualität heißen. In bestimmten Farbnuancen der roten Energie würde das Wut, Ärger, manchmal sogar Haß bedeuten. Haß jedoch beinhaltet eine geballte Liebesenergie. Wird dieses Gefühl entspannt und umgewandelt von dunkler in helle Energie, kann ein großes Ausmaß an Liebe entstehen. Haß und Liebe sind sehr dicht beieinander. Haß steht zwar auf der anderen Seite in der Helligkeits-

Das Aurabild im Gesamteindruck

skala der Farbe Rot, kann aber auf der gleichen Schwingung zu Liebe werden.

Um bei einer Beratung nicht verletzend zu wirken, nenne ich diese geballte Haß-Energie geballte Liebe, weil sich in dieser Schwingung auch Liebe verbirgt.

Viele Menschen stellen sich vor, daß ich desto weiter entwickelt sei, je höher die energetische Schwingung ist, mit der ich arbeite. Violett z.b. bedeutet eine sehr hohe energetische Potenz, also eine Erleuchtung, wenn es hell ist. Viele Menschen sind sich nicht bewußt, daß im Kronenchakra, in dem violette Energie erzeugt wird, ebenfalls Polarität herrscht. Jede Farbe kann hell und dunkel sein. Dunkles Violett bedeutet eine Beschäftigung mit der entsprechenden geistigen Richtung, z. B. mit dem Satanismus. Die hellen Nuancen bedeuten den bewußten, die dunklen den unbewußten Umgang mit der Energie. Prozesse, die im dunklen Farbenbereich verlaufen, sind immer mit Schmerzen, Blockaden, Verklemmungen usw. verbunden und als Hilfe für den nächsten Entwicklungssprung zu verstehen. Insofern ist es nicht schlecht, sondern nur unangenehm für den Menschen, der dunkle Farben in seiner Aura aufweist.

Lange wurde das Wissen über die Farbenergien des Lichtes geheimgehalten. Die Erfolge der Farbenlehre durften nicht verbreitet werden. Das Verständnis für die Bedeutung der heilenden Kräfte des Lichtes und die in ihm enthaltenen Spektralfarben bekam erst seit Descartes eine zunehmende Bedeutung.

Isaak Newton ist es zum ersten Mal gelungen, das Licht in die Spektralfarben zu spalten und durch umgekehrte Prismen wieder in Weiß zu vereinigen. Johann Wolfgang von Goethe hat seines Erachtens das bedeutendste Werk seines Lebens über die Farben geschrieben und zwar „Die Farbenlehre".

Im Jahre 1903 hat Prof. Niels Finsen den Nobelpreis in Physik bekommen, indem er den Einfluß der Farben auf den menschlichen Körper bewiesen hat. Er hat z.B. blinde Menschen in einen roten Raum geführt und durch die Körpertem-

Die Grundlagen

peraturmessung festgestellt, daß die Farbe Rot die Temperatur wesentlich erhöhte.

In einem blauen Raum mit der gleichen Raumtemperatur hat sich die Wandfarbe Körpertemperatursenkend ausgewirkt. Prof. Finsen hat also bewiesen, daß die Wirkung der Farbe auf den Menschen nicht subjektiv, sondern objektiv ist.

Wer bestimmte Eigenschaften mit den dazugehörenden Farbenergien bewußt in Verbindung bringt, kann entsprechende Vorteile für die Bildung seiner Persönlichkeit genießen.

Mit Farben kann man ausgleichend, anregend oder beruhigend arbeiten. Licht kann jede Krankheit heilend beeinflussen. Diese Möglichkeit haben viele Therapeuten erkannt und bieten immer mehr Lichtbehandlungen an.

Das Interessanteste, das ich in diesem Zusammenhang kennengelernt habe, ist Aurasoma. Farbe und Duft zusammen wirken direkt auf den Körper. Faszinierend ist der Umstand, daß zu der Farbe, die mich intuitiv anspricht, auch ein wunderschöner Duft gehört. Vergleiche ich jedoch eine mir unangenehme Farbe mit dem dazugehörenden Aroma, empfinde ich den Duft als unangenehm. Bei einem anderen Menschen kann es genau umgekehrt sein. Es ist die Energie, die ein Mensch braucht, die der Träger seiner Entwicklung, seiner Harmonisierung sein soll. Genau diese Flasche wird dann als angenehm empfunden. Die Wirkung der Farben ist so groß, daß die Aurasoma-Berater dazu tendieren, mit der zweiten Flasche anzufangen. Dann wird die dritte, die vierte und erst zum Schluß die erste Flasche zur Verwendung empfohlen.

Die feinstofflichen Schwingungen können wir nicht nur intuitiv mit dem dritten Auge sehen, sondern auch auf andere Sinnesorgane übertragen. Zum Beispiel sagen wir von einem Menschen, der uns sehr nahe steht, den wir körperlich lieben, daß er gut riecht und von jemand, der uns unangenehm ist, daß er nicht gut riecht. Wir empfinden dabei das Riechen im physischen Sinne, obwohl es im intuitiven Bereich entstand.

Die Schwingung der Musik, der Akustik, spielt genauso eine große Rolle wie die Farben und Gerüche. Die Menschen, die

Das Aurabild im Gesamteindruck

wir lieben, hören wir sehr gerne, ihre Stimme gefällt uns, die Art wie sie sprechen, wie sie „die Wellen in Bewegung setzen". Menschen, die uns nicht gefallen, mit denen wir uns nicht anfreunden können, hören wir nicht gerne, wir sehen sie nicht gerne, wir riechen sie nicht gerne. Sie gefallen uns einfach nicht. Unter einem anderen Aspekt können wir den Umgang mit solchen Menschen als Prüfung der Liebe verstehen.

Ich stelle mir vor, daß man in Zukunft zur Aurasoma eine bestimmte Musik komponiert. Die passende Musik zu den Farbnuancen wäre der nächste Schritt in die Aura-Soma-Zukunft!

Wir werden im therapeutischen Bereich immer bewußter mit den Farbenergien umgehen, wenn wir verstehen, wieso wir hier auf der Erde sind. Unsere Taten und ihre Folgen kann man mit dem Effekt eines Bumerangs vergleichen. Wenn wir das verinnerlichen, werden wir uns unseren Mitmenschen gegenüber liebevoller verhalten. In dem Moment, in dem ein ganz kleiner Teil der Menschheit, ich schätze 5-6 %, diesen Sinn des Lebens auf der Erde versteht, werden wir aufhören, Kriege zu führen.

Kapitel 2
Die Analyse

Mit Klang und Farbe sind neue
Dimensionen des Bewußtseins erreichbar.

Dieses Kapitel vermittelt Ihnen die Erkenntnis der Bedeutung der sieben Spektralfarben auf Ihrem Foto. Außerdem erfahren Sie, was Ihnen die Farbe in der jeweiligen Position rund um Ihren Kopf sagt und wie die jeweilige Farbintensität zu interpretieren ist.

Was sagen die Positionen der Farben

Die Position der Farbblöcke ist logisch und sinnvoll für den Betrachter aufgebaut, in der Beurteilung jedoch sollen die Erfahrung und die Intuition übereinstimmen. Die Interpretation wird daher immer individuell sein. Eine Berufskollegin machte mich darauf aufmerksam, daß ich bestimmte Farbnuancen und Farbzusammensetzungen bei verschiedenen Menschen anders interpretiere. Daraufhin fing ich an, mich zu beobachten und fand die Erklärung, daß meine Intuition dabei eine Rolle spielt.

Die Grundgedanken sind einfach, man kann sich hier sogar einer Computeranalyse bedienen, wird dann allerdings nur allgemeine Aussagen erhalten.

Beispiel einer Computeranalyse:

„Wir danken Ihnen für Ihr Vertrauen in die Aurafotografie und überreichen Ihnen zu Ihrem Aurafoto diese Aura-Kurz-Analyse. Auf dem Aurabild können wir Ihren momentanen Energiefluß des emotionalen und mentalen Körpers erkennen. Diese Energien sind nicht statisch, sondern fließen.

Die Farben der Aura entstehen durch Ihr Bewußtsein und widerspiegeln die Aktivität Ihren Chakras, d.h. der feinstofflichen Energiezentren.

Die Form der Aura kann in Größe und Breite variieren. Je größer die Aura und je intensiver die Farben sind, desto mehr Energie ist vorhanden und wird auch ausgestrahlt. Eine sehr große Aura deutet auf Extrovertiertheit hin, während eine kleine Aura auf Müdigkeit, Introvertiertheit und zentrierte Aktivität schließen läßt.

Eine harmonische Aura in Form eines Eies mit einer gleichmäßig verteilt fließenden kräftigen Aurafarbe ist anzustreben, denn diese deutet auf eine innere Balance und Vitalität hin. Alle Aspekte dieser Aura würden gleichmäßig und harmonisch zusammenspielen und

Die Analyse

nach innen wie nach außen integriert gelebt werden. Ein Naturgesetz sagt: Was man ausstrahlt, zieht man auch an.

Man kann seine Aura absichtlich oder unbewußt von inneren und auch äußeren Impulsen gesteuert, verändern. Eine Farbänderung würde bedeuten, daß man sich in seinem Bewußtsein oder Unterbewußtsein mit einer anderen Chakraqualität verbindet.

Manche Auren haben energetische Schwachstellen oder auch Löcher. Sie gehören meist Menschen, die Drogen zu sich nehmen oder auch Probleme mit Fremdenergien, Negativitäten durch andere Menschen oder Umstände haben. Wenn die Aura geschwächt ist, sei es durch Nikotin, Medikamente, Drogen etc. geht auch der natürlich Strahlenschutz verloren. Somit kann Negativität leichter in sie eindringen und die Aura noch mehr schwächen. Dadurch wird der Aura kostbare Lebensenergie entzogen.

Grundsätzlich sollte man die Auren nicht bewerten. Es gibt keine gute oder schlechte Aura, sondern der Mensch kann ein hohes Energiepotential oder einen Energiemangel besitzen. Er kann bewußt oder unbewußt mit sich und den gelebten Energien umgehen. Wir gehen im Laufe unseres Lebens durch unterschiedliche Entwicklungsstadien und durchlaufen Prozesse, die uns oft als problematisch erscheinen. Doch bedenken Sie, daß die Bewältigung eines Problems gleichzeitig inneres Wachstum und eine Bewußtseinserweiterung mit sich bringt.

Die Herzenenenergie zeigt, wie Sie mit Ihren Gefühlen umgehen. Sie zeigt Ihre allgemeine Liebesfähigkeit, die Art und Weise, wie Sie Ihre tiefsten Emotionen innerlich erleben und nach außen repräsentieren. Sie gibt auch Hinweise auf die Abwehrkräfte und das Immunsystem.

Sie strahlen ein kraftvolles helles Orange von Ihrem Herzchakra aus. Dadurch vermitteln Sie Ihren Mitmenschen Lebensfreude, sonnige Wärme und Stärke. Man fühlt sich wohl in Ihrer Aura, besonders wenn die übrigen Aurafarben leuchtend hell und ausbalanciert sind. Sie werden viel Anerkennung und Verständnis ernten und fühlen sich wohl in Ihrer Haut.

Die Aurafarbe, die am Hals zu sehen ist, zeigt, wie sie mit Ihrer Umwelt kommunizieren und wie Sie Ihre Kreativität ausdrücken. Kommunikation und Ausdruck umfaßt nicht nur den verbalen, sondern auch den körperlichen und emotionalen Ausdruck der Persönlichkeit. Die Halsfarbe zeigt, wie Sie Ihre Persönlichkeit Ihrer Umwelt übermitteln und wie Sie mit Ihrem höheren Selbst kommunizieren.

Was sagen die Positionen der Farben

Ihr Halschakra strahlt momentan eine gelbe Aurafarbe aus. In Ihrer Kommunikation drücken Sie Ihre Persönlichkeit stark aus. Sie haben gute intellektuelle Fähigkeiten und können diese auch gut anderen mitteilen. Oftmals treffen Sie den Nagel auf den Kopf, was die Menschen erstaunt. Sie können Ihre Ideen gut vermitteln. Wahrscheinlich haben Sie auch beruflich viel mit Kommunikation zu tun, sind z.b. in der Vermittlung von Wissen, Werbung oder in der Beratung tätig.

Wenn das Halschakra besonders groß ist, das heißt, dort somit viel Energie ist, könnte es sein, daß Sie gerne singen, vielleicht auch eine gute Stimme bzw. sonore Stimmlage besitzen.

Die linke Körperseite (auf dem Aurafoto seitenverkehrt, also rechts zu sehen) entspricht dem weiblichen, passiven, introvertierten Pol. Die Aurafarbe, die auf der linken Seite zu sehen ist, ist normalerweise die kosmische Schwingung, die in Ihr Energiefeld einfließt. Es ist die Energiequalität, die Sie aufnehmen und empfangen und hat somit einen Bezug zur Zukunft. Mit der Aurafotografie kann man natürlich die Zukunft nicht voraussagen, jedoch erhalten wir Hinweise, was in Ihrem Kopf vorgeht und welche Energiequalität momentan vorherrschend ist. Diese Farbe drückt Ihren persönlichen Zustand am deutlichsten aus. Da Ihnen dieser Zustand am meisten bewußt ist, können Sie sich wahrscheinlich mit dieser Qualität identifizieren.

Von Ihrer linken Seite strahlen Sie ein schönes Rot. Sie entfalten physische Kraft und Aktionsantrieb. Sie fühlen sich gedrängt, sich in das aktive Leben zu stürzen, Veränderungen herbeizuführen und das Leben in vollen Zügen auszukosten. Ihre Willenskraft treibt Sie an, Ihre Vorstellungen mit aller Kraft durchzusetzen. Doch Achtung! Rotlicht! Es kann auch zuviel sein. Beachten Sie die Grenzen! Lernen Sie feiner, sensibler und zarter mit sich und anderen umzugehen. Es fällt Ihnen sicher schwer, abzuschalten, denn Ihre innere Kraft ist stark. Obwohl starke innere Gefühle wahrgenommen werden, haben Sie vielleicht Bedenken oder Schwierigkeiten diese auszudrücken, denn Ihre Mitmenschen könnten sich durch diese Energie leicht dominiert und überfordert fühlen. Ein helles Rot zeigt liebevolle Gefühle und sexuelles Interesse an.

Die Aurafarbe, die von Ihrem Kopf ausstrahlt, deutet auf Ihren momentanen Bewußtseinszustand hin. Sie zeigt Ihre Interessen, was Sie gerade bewegt und mit was Sie sich auseinandersetzen.

Ein balanciertes, helles, feuriges Orange strahlt von Ihrem Kronenchakra, zeugt von einem unstillbaren Hunger nach intensivem

Die Analyse

Leben und aufregenden Erlebnissen, fröhlichem Miteinander und einer Verwirklichung Ihrer Vorstellungskräfte. Sie sprühen vor Ideen und positiven Gedanken und reißen andere Menschen mit. Ihre Aktionen sind von Gefühlsstärke und innerer Klarheit getragen. Sie wissen genau, was Sie wollen und wie Sie es verwirklichen können.

Die Schwingungen der rechten Körperseite (auf dem Aurafoto seitenverkehrt, also links zu sehen) stellt die männliche, aktive, extrovertierte Polarität dar.

Dies sind die Eigenschaften, die Sie momentan Ihrer Umwelt zeigen und ausdrücken. Es ist die Ausstrahlung, die Ihre Mitmenschen wahrnehmen und empfinden. Häufig sind Ihre engen Bezugspersonen der Meinung, daß diese Energien Ihrem eigentlichem wahren Wesen entsprechen. Jedoch widerspiegeln Sie nur den Eindruck, den Sie den anderen vermitteln und wie Sie sich der Außenwelt präsentieren.

Grün ist die Farbe der Mitte, des Ausgleichs, des harmonischen Wachstums und des Friedens. Grün ist auch die Frequenzebene des Herzchakras und liegt im Farbspektrum genau in der Mitte. Unsere Erde ist bedeckt mit dem harmonischen Grün der Wiesen und Wälder. Die grüne Farbe entwickelt sich in der Natur durch das Zusammentreffen der gelben Sonnenstrahlen und des blauen Äthers, also eine Verbindung von Feuer- und Luftelement. Diese Elementenverbindung bringt Wachstum und Früchte hervor. Sie ist Ausdruck der harmonischen Natur, in der der Mensch eingebettet ist. Grünschwingungen in der Aura spiegeln die Bejahung des Lebens, tiefe Lebensfreude, Warmherzigkeit, Sympathie, Freundschaft, Naturverbundenheit und harmonische Kommunikation wider. Grün ist auch die Farbe des Wachstums. Wachstum ist Veränderung auf physischer wie auch geistiger Ebene.

Ihre äußere Aura strahlt die Farbe dunkelorange aus. Obwohl Sie ein emotionaler und spontaner Mensch sind, zeigt sich ein gewisser Mangel an Lebensenergie in Ihrer Aura. Dies könnte ein Hinweis auf Energieverlust durch Streß oder Übermüdung sein. Versuchen Sie sich rechtzeitig zurückzuziehen und in ruhiger Atmosphäre wieder Energie zu tanken.

Wir hoffen, daß wir Ihnen mit dieser Analyse eine kurze Beschreibung Ihres momentanen Energieflusses vermitteln konnten.

Sollten Sie mit Ihren Aurafarben nicht zufrieden sein, so bedenken Sie, daß Sie frei sind, jederzeit Ihre Aura zu verändern. Durch Bewußtsein können Sie Ihre Gedanken und Ihr Leben steuern. Versu-

Was sagen die Positionen der Farben

chen Sie, sich durch positive Gedanken und einem harmonischen Lebensstil mit Lebensenergie aufzuladen und Sie werden glückliche Situationen anziehen. Dies geschieht nach dem Gesetz der Resonanz: Man zieht an was man ausstrahlt.

Probleme sind dazu da, bewältigt zu werden. Sie sind Lernaufgaben, die wir zu meistern haben. Jedes sogenannte Problem oder jede schwierige Lebenssituation bietet uns eine einmalige Wachstumschance. Alle Lebenserfahrungen haben wohl ihren Sinn und jede Seele bekommt vom Leben genau die Erfahrung präsentiert, die sie am meisten in der Entwicklung vorwärts bringt. Diesen Grundsatz wenden wir auch in der Aurafotografie an. Es gibt keine guten oder schlechten Auren, sondern nur die momentane Energiesituation, ob bewußt oder unbewußt, ob harmonisch oder disharmonisch, die wir jederzeit verändern können. Sobald wir nämlich erkennen, daß wir uns selbst und damit auch unsere Umwelt ändern können, übernehmen wir Eigenverantwortung und entscheiden uns für ein bewußtes, durch Selbstbestimmung geprägtes Leben.

Auf Ihrem Aurafoto sehen Sie sicherlich noch weitere Farben, die in diesem Ausdruck nicht beschrieben sind. Wir empfehlen Ihnen deshalb, sich an eine oder einen unserer qualifizierten Auraberater/in zu wenden. Er/sie steht Ihnen auch gerne bei allen Lebensfragen zur Verfügung.

Wir wünschen Ihnen viel Glück und Fröhlichkeit auf Ihrem Lebensweg und freuen uns, Ihnen bei der nächsten Gelegenheit, auf einer Messe oder in einem unserer Aurastudios wieder ein Aurafoto machen zu dürfen."

Als verantwortungsbewußter Berater muß ich jedoch auch die dunklen Schattierungen behutsam erklären. Aufgrund der persönlichen Analyse zeige ich den Menschen die Möglichkeit, wie sie ihre Situation verbessern können. Das ist der Nutzen für den Aurafotografie-Klienten.

In jedem Menschen befindet sich der göttliche Funke und den will ich zuerst finden. Damit kann eine wichtige Unterstützung auf dem Wege der Bewußtseinserweiterung stattfinden. Manchmal kann eine härtere Aussage der Impuls sein, einen Reifeprozeß früher zu beginnen. Das hat nichts mit Manipulation zu tun. Der Berater darf nur bestimmte Möglichkeiten auf-

Die Analyse

zeigen, die aufgrund der Farbzusammensetzung in einem Menschen vorhanden sind. Der Kunde kann selbst entscheiden, wie er reagiert und in welche Richtung er gehen will. Eine Beeinflussung ist in jedem Fall auszuschließen.

Die Erklärung der Farben und deren Intensität

In jeder energetischen Schwingung einer Farbe ist die Polarität zwischen plus und minus. Wir leben in dieser Spannung, im warmen und kalten, im Sommer und Winter, im Dunkel und Hell, in der Nacht und am Tag, in Freude und Trauer, in Extrovertiertheit und Introvertiertheit, in Zuneigung und Abneigung usw.

Überall, wo wir mit einer Spannung zu tun haben, sind wir mitten drin im Leben.

Die Polaritäten schaffen Zeit und Raum. Polares Denken hat, wie jedes Denken, eine schöpferische Kraft, die die Welt der Manifestation und das Ego des Menschen erschafft. Das Bewußtsein dafür, daß die Polarität der Einheit untergeordnet ist (Yin/Yang), verschafft uns Klarheit über unser Entwicklungsziel.

Betrachten wir die polare Welt ohne Einheit, verfehlen wir unser Entwicklungsziel.

Die Klarheit über das Ziel ist sehr wichtig. Die Überlegung ob wir genügend Manifestationen geschaffen haben, um daran zu wachsen, kann für die Zukunft eine der wichtigsten Entscheidungen sein, die wir treffen können. Wir wachsen an den Umpolungsprozessen, das bedeutet, daß das gesammelte Unbewußte ins Bewußte umgewandelt wird. Nur so können wir von Prozeß zu Prozeß heller, lichtvoller werden. Diese Richtung bedeutet gleichzeitig die Überwindung von Ego, Zeit und

Die Erklärung der Farben und deren Intensität

Raum. Alles ist gut, weil alles Liebe, Lichtenergie ist, mit der wir tagtäglich arbeiten, an der wir unsere Erlebnisse programmieren und speichern. Da Licht unbegrenzte Speichermöglichkeiten hat, ist in uns alles vom Urknall bis zum heutigen Tag aufbewahrt. Weil wir unterschiedliche Erfahrungen gemacht haben, sind wir einzeln zur individuellen Persönlichkeit geworden.

Welche Lichtfarbe zu welchen Zwecken genutzt wird, entnehmen wir der nachfolgenden Auflistung.

Rot
Gefühle, Lebenskraft und Vitalität

Hellrot: erotisch, feurig, kraftvoll, körperlich gesund, leidenschaftlich, schöne, sinnliche und physische Liebe, liebevoll, mutig, spontan, temperamentvoll, verständnisvoll

Dunkelrot: Ärger, Despotismus, Frustration, Gewalt, Haß, Rebellion, Streß, Tyrannei, Überaktivität, Ungeduld, Verwirrung, Wut, Zerstörung

Orange
Koordination und Organisation

Hellorange: Fröhlichkeit, Glücksgefühle, intellektuelle Leichtigkeit, Kommunikation, Lebensfreude, Optimismus, Organisationstalent, Selbstsicherheit, Selbstmotivation, Selbstvertrauen, Wohlbefinden, Zusammenarbeit

Dunkelorange: Aggressivität, intellektuelle Unbeweglichkeit, Ignoranz, Konkurrenzdenken, Mangel an Lebenskraft, Unsicherheit, Unzufriedenheit, Verständigungsschwierigkeiten

Die Analyse

Gelb
Charisma und Intellekt

Hellgelb: Disziplin, Ehrlichkeit, geistige Heiterkeit, Lernfähigkeit, Logik, Persönlichkeitsstärke, Wissensdurst, Zielstrebigkeit

Dunkelgelb: Chaos, Durchsetzungsschwäche, Egoismus, Falschheit, geistig durcheinander sein, Herrschsucht, Ignoranz, intellektuelle Überbelastung, Intoleranz, Kontrolle ausüben, Machtmißbrauch, Skepsis, Sturheit, Unklarheit

Grün
Ausgleich, Mitte und Veränderung

Hellgrün: Ausgeglichenheit, Bejahung des Lebens, heilende harmonisierende Energie, Herzlichkeit, Hilfsbereitschaft, Sympathie, Naturverbundenheit, Wachstum

Dunkelgrün: Antipathie, Disharmonie, Egoismus, Existenz- und Sicherheitsangst, Hartherzigkeit, mangelndes Selbstvertrauen, Materialismus, Unsicherheit

Blau
Gerechtigkeit

Hellblau: Ehrlichkeit, Geduld, Gottesbewußtsein, Hingabe, Höflichkeit, kosmischer Gerechtigkeitssinn, Ruhe, Sensitivität, Sicherheit, Stille, Vergebung, Vertrauen, Wahrheit, Zentriertheit

Dunkelblau: Depression, Desinteresse, Distanz, Gefühlskälte Falschheit, Isolation, kritische Auseinandersetzung mit sich selbst und der Umwelt, Mißtrauen, Reserviertheit, Selbstmitleid, Traurigkeit, Unzufriedenheit, Ungerechtigkeit, Zurückgezogenheit

Indigo
Intuition

Hellindigo: Aurasichtigkeit, Balance, Einheit, Geistheilung, geistige Stille, Gottesschau, Hellsichtigkeit, Inspiration, intuitives Handeln

Dunkelindigo: Arroganz, innere Zerrissenheit, religiöser Mißbrauch, Stolz, totalitäre Lebenseinstellung, Zersplitterung, Zurückhaltung

Violett
Erleuchtung

Hellviolett: bewußter Umgang mit Lichtenergie, Hingabe, Idealismus, meditative Lebenshaltung, Spiritualität, Transformation, Transzendenz, übersinnliche Fähigkeiten

Dunkelviolett: Besessenheit, Bestrafung, Erschöpfungszustand, Impotenz, Intoleranz, Satanismus, schwarze Magie, unbewußter Umgang mit Energie, Ungerechtigkeit

Schwarz

Atheismus, chronische Lebensangst, Energiestau, Gier, Krankheitsgefahr, Machtmißbrauch, Mangel an Licht, Mißtrauen, Schmerz, Unbewußtheit, Unglück, Unklarheit, Unreinheit

Weiß

Bedingungslose Liebe, Dankbarkeit, das Bewußtsein der Einheit und Ganzheit, die allumfassende Kraft, Einklang mit der göttlichen Gesetzmäßigkeit, Erleuchtung, Lichtarbeit, Lichtkraft, Klarheit, Macht, Reinheit, Überwindung der Polarität, unbegrenztes Vertrauen, Weisheit

Die Analyse

Wie wir mit den Lichtfarben umgehen, können wir an dem Beispiel der Energie der Mitte, der Farbe Grün verstehen. In der hellgrünen Farbe haben wir die heilende Kraft, in der dunkelgrünen bewegen wir uns in den Ängsten um unsere Existenz und Sicherheit, um unser materielles Haben. Ein verdichtender Umgang mit der Materie ist immer Grundlage für einen bevorstehenden Bewußtseinsprozeß. Das Licht können wir besser in der Dunkelheit finden.

Selten haben wir mit reinen Spektralfarben auf dem Aurabild zu tun. Die Farben vermischen sich und erzeugen verschiedene Farbnuancen. Um sie zu deuten, braucht man Erfahrung. Die Erfahrung ist nicht nur auf die Deutung der Farben, sondern auch auf die medizinische, pädagogische und psychologische Weisheit zu beziehen.

Man braucht keine Aurafotografie, um festzustellen, ob ein Mensch mit hellen oder dunklen Energien arbeitet. Die hellen Menschen strahlen Helligkeit, Zufriedenheit, Ausgeglichenheit, Positivität, Verbundenheit mit der universellen kosmischen Kraft aus. Jeder kann das wahrnehmen.

Wir gehen durch verschiedene Lebensphasen, machen ständig Entwicklungsprozesse durch. Mal sind wir heller, mal dunkler.

Nehmen wir als Beispiel die Macht. Ein Mensch bekommt aufgrund seiner Tüchtigkeit, Weisheit, Lebenserfahrung eine führende Rolle, eine „Macht-Position" in seinem Leben. Wenn er aus seinen erworbenen Eigenschaften heraus handelt, erzeugt er Nutzen, Frieden, Dankbarkeit, Anerkennung, Harmonie, produktives Arbeitsklima usw. Er besitzt Macht und nutzt sie richtig. Wenn er aber egoistisch, disharmonisierend, konflikterzeugend wirkt und handelt, sprechen wir von Machtmißbrauch.

Eines Tages kam ein kleiner, unscheinbarer aber hellstrahlender alter Mann zu mir. Die Aura dieses Menschen strahlte förmlich eine Bedingungslosigkeit aus. Als ich das Foto gemacht hatte, bestätigte sich meine Intuition. Ich sah einen Heiligen vor mir. Als ich ihn nach seinem Beruf fragte, antwortete

Die Erklärung der Farben und deren Intensität

er: „Ich bin ein katholischer Pfarrer". Ich war überrascht, daß sich ein Priester einer kirchlichen Institution ein Aurafoto machen ließ und eine derartige Urteilsfreiheit und Offenheit entwickeln konnte.

Solche Menschen strahlen soviel Zufriedenheit, Mut, Harmonie und hohes Bewußtsein nach außen, daß ich überzeugt bin, daß es jeder sehen kann. Das ist die Intuition.

Befindet sich ein heller strahlender Mensch in unserer Nähe, haben wir das Bedürfnis, uns intensiver mit diesem Menschen auseinanderzusetzen und in seiner Nähe zu bleiben. Ein ausgeglichener Mensch mit seiner energetischen Kraft wirkt auf uns harmonisierend und wir fühlen uns wohl in seiner Gegenwart.

Umgekehrt wirken Menschen mit einer disharmonischen Ausstrahlung belastend auf ihre Umgebung. Oft distanzieren wir uns von Ihnen.

Es wäre für uns alle vorteilhaft, wenn wir Verständnis für diese Menschen aufbringen, denn keiner fügt sich bewußt Schmerz oder Leid zu. Wenn ich als Bewußtseinserweiterungsbegleiter so etwas sehe, bedeutet dies für mich, daß ich es mit einem unbewußten Menschen zu tun habe. Dieser Mensch braucht Lichtenergie, die ihm als Erkenntnishilfe zur Verfügung gestellt werden sollte. Das ist aber nur möglich, wenn man harmonisch, ausgeglichen und in der Bedingungslosigkeit, im göttlichen Bewußtsein, ist.

Hilfsbereitschaft sollte einer höheren Erkenntnis entspringen und nicht der Opferbereitschaft. Wir sind vor Gott alle gleich. Dennoch hat jeder das Recht, seinen eigenen Weg zu gehen, das Tempo selbst zu bestimmen, sogar stehenzubleiben. Die gegenseitige positive Einstellung und Toleranz wird dazu führen, daß sich das gesamte menschliche Bewußtsein wie eine Spirale nach oben bewegen wird.

Die Analyse

Die Bedeutung von Schwarz und Weiß im Aurafoto

Die schwarze Farbe kann von jeder Energie gebildet werden, wenn sich ein Mensch in einem sehr negativen, disharmonischen Zustand befindet. Dauert dieser Zustand längere Zeit an, wird die Energie irgendwann so dicht, daß sie immer dunkler und schließlich schwarz wird. Die schwarze Farbe bedeutet, daß wir sehr leicht die Kontrolle über diese in uns wirkende Energie verlieren können. Schwarz ist ein Hinweis auf Krebsgefahr, d.h. daß sich bestimmte Zellen in Körperbereichen, die labil und schwach sind, verselbstständigen können.

Die weiße Energie ist die allumfassende Kraft. Sie hat eine sehr hohe Schwingung, die, wenn sie durch Egoismus nicht weitergeleitet wird, immer Schmerz verursacht. Wenn diese Energie auf dem Aurafoto nur punktweise zu sehen ist und von dunklen Energien umzingelt wird, bedeutet dies Schmerz.

Wenn weiße Energie fließt, zeugt sie von einer höheren Weisheit und Erleuchtung.

Normalerweise läßt sich die weiße Energie nicht lange halten, sie muß fließen und weitergegeben werden. Sie ist durch Meditation zu erreichen und steht nur eine gewisse Zeit zur Verfügung. Man befindet sich in einem euphorischen Zustand, im Einklang mit der geistigen Welt. Durch physische und psychische Einflüsse ist die Energie leicht wieder zu verlieren.

Selbst erleuchtete Menschen können diese Kraft nicht lange halten. Ich habe hochspirituelle Menschen fotografiert, die eine wunderschöne Ausstrahlung hatten, deren Aura jedoch keine weiße Farbe aufwies.

Man sollte nicht vergessen, daß Aussagen bezüglich der fotografierten Farben des Aurabildes, aufgrund der Meßergebnisse eines Gerätes gemacht werden. Ich bin sicher, daß in Zukunft noch bessere Geräte gebaut werden, die uns zeigen, daß die Aura noch schöner, differenzierter und feiner ist. Die Farben Gold und Silber werden von der Aura-Fotografie noch nicht erfaßt. Hochspirituelle Menschen leuchten in Goldanteilen. Das Photogerät kann die sehr hohe Schwingung aber nicht so umfassend wahrnehmen, wie es wünschenswert wäre.

Dieses Bewußtsein muß jeder Aurafotograf vor Augen haben. Nur in Verbindung mit der persönlichen Intuition eines Beraters kann einem Menschen geholfen werden, sich selbst besser kennenzulernen.

Spiel mit den Farben

Wir unterscheiden sieben Spektralfarben. Das sind die Farben, die Isaak Newton durch ein Spalten des weißen Lichtes mittels Kristallprismen erreicht hat. In der gleichen Reihenfolge kommen diese sieben Farben im Regenbogen vor. Dieselbe Anordnung der Farben finden wir in den Chakren: rot, orange, gelb, grün, blau, indigo und violett. Wenn wir die sieben Farben in einen Kreis anordnen, wie auf der Zeichnung 1, entsteht ein Farbauge.

Auffallend ist, daß die Farbe Indigo aus der Mischung aller anderen sechs Farben entsteht. Johann Wolfgang von Goethe entdeckte, daß die sieben Spektralfarben aus drei Grundfarben entstehen. Es sind die Farben Rot, Gelb und Blau. Wenn wir Rot und Gelb, also das erste und dritte Chakra vermischen, entsteht Orange, die Farbe des zweiten Chakras. Wenn wir Blau und Gelb mischen, entsteht Grün, die Farbe des vierten Chakras. Wenn wir Blau und Rot mischen, entsteht Violett, die Farbe des siebten Chakras.

Indigo wird dem dritten Auge, dem sechsten Chakra, zugeordnet. Indigo beinhaltet alle anderen Spektralfarben in einem Verhältnis eins zu sechs. Wenn wir uns die Zeichnung 1 an-

Die Analyse

schauen, dann sehen wir auf der anderen Seite die dazu passende Komplementärfarbe. Sie steht für die Farben:

    Rot – Grün   Orange – Blau   Gelb – Violett

Wir können das Spiel auch umdrehen und die drei Grundfarben entstehen lassen. Indem wir Violett mit Orange vermischen, entsteht die Grundfarbe Rot. Wenn wir Orange und Grün mischen, erreichen wir die Farbe Gelb und wenn wir Violett mit Grün mischen, bekommen wir die Farbe Blau.

Da die Lichtenergien ihre spiegelbildliche Entsprechung in der feinstofflichen Welt haben, können wir nach dem Resonanzgesetz ermitteln, wie wir die Farben therapeutisch in der Welt der Manifestation einsetzen können.

Mit einem Kind, das aggressiv den anderen gegenüber ist, ungeduldig, zappelig und unkonzentriert, werden wir auf dem Aurafoto überwiegend die Farbe Dunkelrot finden. Dieses Kind können wir leicht therapieren, indem wir sein Zimmer hellgrün streichen, ihm seine Unterwäsche in der gleichen Farbe anziehen, das Essen mit viel Blattsalaten zubereiten, mit der grünen Aurasoma-Flasche behandeln und mit dem Ton F, der der grünen Farbe entspricht, begleiten.

Wenn wir einen dunkelblauen, depressiven Menschen vor uns haben, können wir ihn außer Bewußtseinserweiterung, mit der orangen Farbe behandeln. Er benötigt Blütenessenzen aus den orangen Blumen, die ihn ansprechen. Sein Aufenthaltsraum und seine Kleidung sollten in orange gehalten sein. Wir empfehlen ihm, süße Orangen zu essen, ihr Bukett intensiv wahrzunehmen und sie mit Dankbarkeit zu betrachten.

Entsprechend können wir einen Menschen, der in seiner Aura überwiegend violett aufweist, der die Bodenhaftung verloren hat und wie ein Luftballon in der Luft hängt, mit der gelben Farbe „zurück auf die Erde holen."

Die Farbtherapie muß aber nicht auf Gegenseitigkeit beruhen, indem wir die Komplementärfarben einsetzen, sondern sie ist auch durch den Einsatz einer hellen, lichtvollen und

Spiel mit den Farben

transparenten eigenen Farbe möglich. Mit Indigo kann ich die Fähigkeit des Hellsehens unterstützen.

Die Art, die Zeit und die Formen der Therapien müssen wir immer individuell an die Persönlichkeit des Menschen anpassen. Es können auch unkonventionelle Lösungen benutzt werden, z.B. einen dunkelblauen Menschen durch die Energie der Heiterkeit zu stimulieren. Dazu können wir die Farbe orange mittels heiterer Musik, Filmkomödien, Spaziergänge in der sonnigen, harmonischen Umgebung usw. benutzen, was im weiteren Sinne mit der orangen Farbe in Verbindung steht.

Dunkle Gedanken können mit heiteren Gedanken neutralisiert werden. Dunkle Willensprogramme (Affirmationen) wie: „Ich bin blöd, ich bin arm, ich bin schwach", mit bewußten Gegenaffirmationen neutralisieren wie: „Ich bin weise, ich bin innerlich und äußerlich reich, ich bin stark ".

Die Energie der Mitte, die Farbe grün wirkt sich auf alle anderen Energien immer neutralisierend aus. Das spüren wir am stärksten, wenn wir im Frühling durch einen frisch sprießenden Buchenwald gehen.

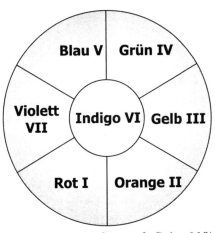

Zeichnung 1 (siehe auch Seite 113)

Die Farbenspiele könnte man fortsetzen und untereinander mischen, so daß Farbnuancen entstehen, die unsere Persönlichkeitsunterschiede immer besser visualisierend darstellen. Die Grafiker arbeiten schon heute mit über 13 Millionen Farben. Je feiner der Mensch wird, desto schöner, strahlender, transparenter wird seine Aura sein.

Die Analyse

Welche Schwächen und Stärken sind im Aurabild sichtbar?

Auf der Erde leben wir in und durch die Polarität, zwischen Stärken und Schwächen. Jeder hat mit Schwächen zu kämpfen und weist andererseits Stärken auf. Eine Stärke ist nur durch eine Schwäche zu erkennen. Diese Schwäche muß zuerst erlebt und in einem Prozeß durchlaufen werden, damit aus ihr Stärke werden kann. Ich sehe es als einen Umpolungsvorgang.

Am Beispiel der Numerologie, die sich u.a. mit den Bestimmungen des Menschen beschäftigt, sehen wir, daß, wer eine bestimmte Aufgabe im Leben übernommen hat, zuerst mit den Negativitäten fertig werden muß, ehe er seine Stärke erkennen kann. Die innere Sicherheit stellt sich zuerst als Unsicherheit dar. Der Mensch will sich in dem Prozeß von der Unsicherheit zur Sicherheit entwickeln.

Jeder, der die geistigen Gesetzmäßigkeiten erkennt, weiß, warum er sich zuerst mit Widerständen auseinandersetzt, bevor er Sicherheit und Stärke erlebt.

Albert Einstein blieb in einer Klasse sitzen und später wurde aus ihm ein Genie. Nur so ist die Entwicklung und Erreichung von Stärke möglich.

Menschen, die gute Eheberater sind, mußten oft zwei oder drei positiv verarbeitete Ehen hinter sich bringen, bis sie reif wurden, anderen durch eigene Erfahrungen zu helfen.

Ohne die persönlichen, schmerzlichen Erlebnisse, die in Stärke umgewandelt wurden, hätten diese Berater ihre Aufgabe nicht erkennen und erfüllen können.

Eine gute Bekannte von mir, Fachärztin für Orthopädie, hat erstaunliche Kenntnisse und Fähigkeiten bei Kniebehandlungen. Trotzdem sie noch sehr jung ist, hatte sie selbst schon erhebliche Probleme mit ihren eigenen Kniegelenken. Durch diese persönliche Erfahrung, die von viel Schmerz, Kummer und ungewissen Zukunftsaussichten begleitet war, wurde ihr Bewußtsein für Knochen und Gelenke besonders entwickelt. Sie ist heute auf diesem Sektor eine gefragte Spezialistin.

Große Psychologen oder Psychiater hatten mit der Thematik, mit der sie sich beruflich auseinandergesetzt haben, selbst enorme Schwierigkeiten. Sie wählten diesen Beruf, um zuerst mit den eigenen Problemen zurecht zu kommen. Das intensive Studium, das aus persönlichem Interesse resultierte, ließ sie zu Spezialisten und Vorreitern werden.

Die Aurabilder lassen uns aufgrund des Helligkeitsgrades einer bestimmten Farbe in einem bestimmten Bereich erkennen, wie weit ein Mensch in dem Prozeß von Schwäche zu Stärke fortgeschritten ist.

Die Visualisation der energetischen Lage eines Menschen hat eine unterstützende, klärende Funktion und wirkt sich auf sein Bewußtsein so aus, daß der Betroffene den Entwicklungsprozeß, den er jetzt gerade durchmacht, beschleunigen kann.

Warum zeigen sich meine Emotionen, Gedanken und Willensimpulse in Farbe?

Der Mensch besteht aus verschiedenen Schwingungen, aus dichten Energien wie dem physischen Körper, weniger dichten wie dem ätherischen Körper und noch weniger dichten wie dem astralen Körper. Die Aufgabe des Astralkörpers ist es, Denken, Fühlen und Wollen zu tragen und Erfahrungen zu speichern.

Der Astralkörper hat die Fähigkeit, aus Erlebnissen resultierende Schwingungen zu registrieren. Erfahrungen beeinflussen wiederum im Hier und Jetzt unsere Gedanken, Gefühle und den Willen.

Die Analyse

Ein weiterer wichtiger Aspekt besteht darin, daß wir in der Lage sind, unsere Vergangenheit verändern zu können. Negative Erfahrungen im Gefühlsleben, Verletzungen, Liebesmangel, Fehler, die wir unbewußt gemacht haben, können wir jederzeit umpolen. Weise Menschen urteilen und verurteilen nicht. Sie weisen die Schuld nicht dem „Verursacher" des Leides zu. Menschen, die uns „so etwas antun" oder uns ärgern, fördern unsere Entwicklung und Reife. Andernfalls würde unsere Aura entsprechend dunkel erscheinen.

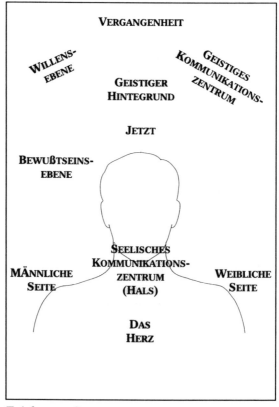

Zeichnung 2

Warum zeigen sich meine Emotionen etc. in Farbe?

Es liegt immer an uns, ob und wann wir die negativen Erlebnisse umpolen. Indem wir unser Bewußtsein erhöhen und die Fragestellung verändern, setzen wir uns mit unseren Problemen so auseinander, daß wir unsere Vergangenheit erhellend verändern. Nach dem geistigen Gesetz von Saat und Ernte kommt auf uns zurück, was wir verursacht haben.

Weder Gott und die anderen sind schuld, noch wir, da wir uns nie absichtlich, sinnlos Leid und Schmerz zufügen wollen. Es sind unsere eigenen „Fehler", die zu diesen Erfahrungen, an denen wir uns letztendlich entwickeln, führen. Jeder von uns ist ein Kind Gottes und jeder hat das Recht, zu sagen: „So wie ich jetzt bin, bin ich in Ordnung." Das versetzt uns in Harmonie und helles Licht, mit dem wir unsere Entwicklung viel schneller und besser vollziehen können.

Wieso habe ich genau diese Menschen, die mich so sehr ärgern, in mein Leben eingeladen? Welche Aufgabe sollten sie erfüllen? Was haben sie bewirkt?

In dem Moment, in dem mir klar wird, daß ich selbst für mein Leben verantwortlich bin, daß ich der Drehbuchautor, Regisseur und Hauptdarsteller in einer Person bin, weiß ich, welche Rolle all diese Menschen in meinem Leben gespielt haben.

Ich habe sie engagiert, ich habe sie gebeten, in meinem Spiel zu spielen. Sie taten es aus Liebe zu mir und um selbst eigenes Karma zu bereinigen.

Eine ehrliche Analyse wird mir genau sagen, was sie bei mir bewirkt haben: Sie haben mich gestärkt, bereichert, erweitert. Sie haben meine Erfahrungen auf einem bestimmten Gebiet vergrößert.

Wenn ich diese Fakten verinnerlicht habe, ist die Farbe, die in der Vergangenheit dunkelblau war (Gerechtigkeitssinn, kritische Auseinandersetzung mit meiner Vergangenheit), nunmehr zu einem Hellblau umgepolt worden. Hellblau ist immer noch Sinn für Gerechtigkeit, jedoch im Einklang mit der geistigen Gesetzmäßigkeit. Es wird zu Vertrauen. Die Farbe Blau eignet sich am besten dazu, die Vergangenheit zu verarbeiten.

Die Analyse

So können wir mit jeder Schwingung umgehen. Die beste Möglichkeit, seelisch geistige Aktivitäten zu steuern, ist, dichter an unser höheres Ich heranzugehen. Wir können damit unsere Zukunft gestalten und unser Leben in harmonischere Bahnen lenken.

Wir kommen damit immer stärker in Einklang mit dem göttlichen Element in uns und reduzieren Angst, Schmerz und Leid. Wir sind imstande, die Bedingungslosigkeit in uns zu stärken und damit die Unverletzbarkeit zu erreichen.

Wenn ich in der Bedingungslosigkeit bin, stelle ich keine Erwartungen an meine Umwelt. Immer wenn Erwartungen an andere Menschen in meinem Kopf entstehen, bin ich nicht in der Liebe.

Ich habe kein Recht, mich in die Welten anderer Menschen einzumischen. Gott tut das auch nicht. Wenn ich aber so handle, verstoße ich gegen die universellen Gesetzmäßigkeiten und täusche mich, daß ich in der Liebe sei. Schließlich will ich „ent-täuscht" werden. Wenn ich aber meine Mitmenschen mit liebevollen Gedanken auf deren Wegen begleite, und keine Anforderungen an sie stelle, bin ich unverletzbar.

Kapitel 3
Erkenne Dich selbst

Der Weg der Selbsterkenntnis mit Steigerung des Interesses an der Innen- und Außenwelt führt zu Weisheit und Einklang mit Gott durch Erhöhung des eigenen Liebe-Potentials.

„Mensch, erkenne dich selbst". Die ausführliche Interpretation Ihres Aurafotos durch Ihren Bewußtseins-Erweiterungs-Begleiter ermöglicht es Ihnen, sich Ihren momentanen emotionellen Zustand bewußt zu machen. In Ihrem Innersten wissen Sie natürlich, was mit und in Ihnen los ist. Sie kennen Ihre Verletzungen, Abneigungen, Hemmungen und Ängste am besten, aber auch Ihre Vorlieben, Stärken und Talente. Im Gespräch während der Interpretation Ihres Bildes erhalten Sie Hilfe zur Selbsthilfe. Sie finden kundige Begleitung und Anregung auf Ihrem Lebensweg und Hilfe in Ihrem Bemühen, zu wachsen und Ihr Bewußtsein zu erweitern.

Wobei hilft mir die Aura-Foto-Diagnose?

Wenn wir eine bestimmte Entwicklungsstufe erreicht haben, brauchen wir keine Foto-Diagnose mehr, weil wir dann bewußt mit den Farben, Energien und göttlichen Kräften umgehen können.

In der Zwischenphase, in der wir die untere Bewußtseinsebene verlassen haben, um uns höher zu entwickeln, dient uns die Aura-Diagnose als eine Art Hilfsgerät. Das Foto unterstützt uns. Wir können die Energien im intuitiven Bereich wahrnehmen und im physischen Bereich visualisieren. Damit stärken und beschleunigen wir unsere Bewußtseinserweiterungsprozesse.

Der Umgang mit Licht und Farben ist dann so bewußt, daß wir bei der farblichen Gestaltung unserer Wohnräume auf die entsprechenden Farbschwingungen achten werden. In gewissen Situationen können wir mit der Farbe unserer Kleidung unsere Stimmungslage beeinflussen. Die richtige Farbe wirkt ausgleichend und harmonisierend.

Unsere Eßgewohnheiten können wir ebenfalls verändern. Machen wir uns klar, was die Farbe braun bedeutet: Fleisch von einem toten Tier. Welche Schwingung überträgt sich auf unseren Körper? Was esse ich damit eigentlich? Welche Energien führe ich meinem physischen Körper zu? Wovon wird mein Körper aufgebaut? Welche Informationen sind in den Schwingungen des Fleisches enthalten? Automatisch übernehme ich auch die Todesängste der Tiere, die Qualen der Massentierhaltung, die Wirkung der Medikamente, Hormone und wachstumsfördernder Mittel.

Leo Tolstoi sagte einmal – und das wurde von Albert Einstein ebenfalls ausgedrückt –: „Solange wir noch Schlachthöfe haben, solange werden noch Schlachtfelder auf der Welt existieren."

Erkenne Dich selbst

Die Angstenergie wird immer wieder in Aggressionen umgewandelt und muß auf einer tieferen Schwingung ausgelebt werden. Wir werden solange mit Angst und Aggressionen konfrontiert, bis wir unser Bewußtsein auf eine höhere Ebene gebracht haben.

Die Farben unserer Speisen bewirken das Gleiche wie die Farbtherapie, Farbpressur oder Aurasoma. Alle Therapiearten, die sich die Schwingung der Farben zunutze machen, beeinflussen den feinstofflichen Teil des Menschen. Die Farben der Speisen wirken genauso harmonisierend und heilend. Sie verstärken die Wirkung auf bestimmte Persönlichkeits-Eigenschaften.

Lange gekochtes und zerkochtes Essen enthält kaum noch Farbe und entsprechend negativ wirkt die Mahlzeit. Allein schon die kräftigen Farben von Tomaten, Paprika, Bohnen, Gurken haben eine stark anregende Wirkung auf uns. Wenn wir die Speisen um das Violett der Auberginen und schwarzen Oliven erweitern, merken wir, wenn wir es bewußt tun, daß uns andere Kräfte zur Verfügung stehen. Wir können die lebendige Schwingung in uns spüren, wir „leben" im astralen und ätherischen Bereich. Wir fühlen die Harmonisierung und können uns auf diese Weise erden. Unsere irdischen Aufgaben können wir viel leichter erfüllen, wenn sich nichts Totes (Fleisch und Fisch) in der Schwingung befindet. Wir registrieren das Wohlbehagen und die ausgeglichene Gemütslage.

Oft stellen sich Menschen die Frage: Was ist mit den Pflanzen, die wir auch töten? Ich bin der Meinung, daß die Menschen, die wirklich Interesse daran haben und die sich weiter entwickeln wollen, auf das Töten von Pflanzen verzichten werden.

Die erste Stufe heißt Verzicht auf den Genuß von Tieren. Sie können denken, fühlen und ihren Willen durchsetzen, das bedeutet, sie haben wie Menschen auch einen Astralkörper.

Die Alternative sind Pflanzen. Wenn uns eines Tages stört, daß auch Pflanzen umgebracht werden, ernähren wir uns von Obst, Früchten, Nüssen und Korn aus reifen Ähren. Also von

Lebensmitteln, die einem natürlichen Werde- und Sterbeprozeß entstammen. Sie haben einerseits sehr viel Lichtenergie eingesammelt, die ich in Form von Farben, Düften und Geschmack aufnehme, andererseits helfe ich den Pflanzen zu überleben. Dann herrscht eine gute Symbiose zwischen Mensch und Pflanze.

Aurafotografie hilft den Menschen, immer bewußter mit den Schwingungen umzugehen. Sie macht sichtbar, was noch unrein und verspannt ist und was noch verbesserungsfähig wäre. Sie zwingt aber nicht, irgend etwas zu verändern. Sie macht uns nur auf Verspannungen im seelischen Bereich aufmerksam, die sich nach einiger Zeit auf den körperlichen Bereich auswirken können.

Die Signale des Körpers, die Krankheiten „veranlassen" uns, zu erkennen, daß wir in eine falsche Richtung gegangen sind und geben uns die Möglichkeit zur Korrektur.

Wenn wir eine Krankheit oder seelische Schmerzen analysieren, kommen wir immer zu dem gleichen Schluß, daß wir falsch gehandelt haben. Ursache ist: Wir haben in unsere Liebe Erwartungen gesetzt und die Bedingungslosigkeit außer Acht gelassen. Hier hilft die Aurafotografie, Klarheit zu schaffen und die Entwicklungschancen zu verbessern.

Sinnvolle Behandlungen

Der Fotoapparat, der in der Lage ist, die Aura darzustellen, ist lediglich ein Meßgerät. Er mißt die augenblickliche Situation. Wenn ich das Bild zur Interpretation in die Hand nehme, spreche ich bereits über die Vergangenheit.

Es gibt Menschen, die sich sehr langsam entwickeln und im Einklang mit sich selbst leben. Hier verändert sich die Aura fast nicht. Ich hatte vor einiger Zeit einen extremen Fall. Innerhalb

Erkenne Dich selbst

eines Jahres ließ ein Mann fünf Bilder knipsen und sie waren sich ähnlich wie ein Ei dem anderen. Zwei Betrachtungen sind möglich, entweder wir sagen, dieser Mensch ist so glücklich und zufrieden mit sich selbst, daß er sich eine Entwicklungspause gönnt oder dieser Mann ist auf seiner Bewußtseinsstufe stehen geblieben.

Die Spannungen zwischen plus und minus gleichen sich aus. Wenn mich jemand fragt, ob es gut oder schlecht ist, antworte ich: „Lassen Sie uns die Frage umdrehen und überlegen, was die Botschaft ist?"

Wo sind die Ansätze für mich, zu lernen und mich in meinem Wesen und Charakter vorwärts zu entwickeln? Das Aurabild kann der Ansatz oder die Grundlage für mein weiteres Verhalten sein.

Mit der Aurafotografie kann man nicht therapieren. Ich kann nur einen Zustand darstellen: So bist Du. Ich kann den Menschen beraten, wenn er dazu Lust hat und mir Fragen stellt. Es ist mir nicht erlaubt, in seine Welt einzudringen und zu versuchen, etwas zu verändern. Jeder Mensch hat die Freiheit, das zu tun, was er für richtig hält. Ein guter Berater wird ihm liebevoll sagen, was er verbessern kann und wie er es tun kann. Der Mensch, der zu mir kommt, hat sich vorher genaue Fragen überlegt, das heißt, er war aktiv. Aktivität ist immer positiv, gleichgültig, zu welchen Ergebnissen sie führt. Selbst wenn am Ende eines Prozesses etwas Negatives steht, führt die Aktivität immer zu einer Bereicherung. Meine Hilfe für einen Menschen besteht sowohl aus einem theoretischen Teil, als auch aus einem körperlichen, aktiven Teil in der Natur. Diese Kombination spiegelt den Rhythmus zwischen Spannung und Entspannung. Das Foto, daß am Schluß der Beratung gemacht wird, beweist die Effekte der geistigen und körperlichen Aktivitäten.

Meine Arbeit greift in den feinstofflichen Bereich ein, es werden keinerlei äußere Reize gesetzt wie Eingriffe in den Organismus, Spritzen, Medikamente, die sicher sinnvoll sind, wenn es sich um einen akuten körperlichen Prozeß handelt.

Sinnvolle Behandlungen

Die Ursache unserer Beschwerden liegt immer im psychischen Bereich. Die klassische Medizin behandelt die Patienten aber somatisch. Viele Schulmediziner sprechen heute zwar von psychosomatischen Krankheiten, aber handeln nicht danach. Alle unsere Krankheiten haben ihre Ursache im astralen oder ätherischen Bereich. Ich bekräftige nochmals: im astralen oder ätherischen Bereich und nicht im geistigen.

Dieses göttliche Element in uns ist immer gesund, kann nie krank sein und lebt ewig. Wir als göttliche Wesenheiten können nie krank sein. Krankheit gibt es nur im irdischen Bereich, denn hier wird eine bestimmte Weiterentwicklung angestrebt.

Die Fehler unserer Handlungen spüren wir sofort und wir sind dann in der Lage, sie entsprechend zu berichten. Das ist der Grund, warum wir gerne zu diesen Schulungen auf die Erde kommen. Unser Reich ist aber nicht von dieser Welt. Wir stammen nicht von hier. Wir kommen aus einer anderen Dimension, in der es keinen Raum und keine Zeit gibt. Diese Entwicklungschancen haben wir nur hier auf der Erde. Wir kommen her, um zu lernen, aber auch um Freude zu erleben.

Es ist mir ein Bedürfnis, den Menschen zu zeigen, wie sie sich selbst heilen können. Es ist nicht zwingend notwendig, daß die Menschen krank werden müssen. Bevor sich eine Krankheit manifestiert, können wir sie im seelischen, also ätherisch, astralen Bereich neutralisieren. Das ist eine meiner Hauptaufgaben in Verbindung mit der Aurafotografie. Es ist mir eine Art Früherkennung von Krankheiten möglich. Wenn ich bei Verspannungen den Hinweis gebe, daß sie zu Magenschmerzen führen können, passiert es, daß jemand sagt: „Ich habe schon Magenschmerzen." Das heißt, er hat schon länger mit seelischen Verspannungen gelebt.

Es gibt wahrscheinlich Menschen, die meine Botschaft nicht annehmen können – für die bin ich die falsche Adresse. Es ist in Ordnung, wenn sie der Meinung sind, ihnen könne ein Arzt, egal welcher Fachrichtung er angehört, besser oder ausschließlich helfen. Sie haben die Berechtigung, so zu leben wie sie wollen. Sie programmieren sich auf die Art der Krankheit und deren Hilfe. Aus dem geistigen Blickpunkt heraus brauchen sie genau diesen Verlauf, um eine Lernerfahrung zu machen.

Viele Menschen – und es werden immer mehr – wollen in den Bereich der energetischen Schwingungen gehen, um mit feinen Methoden zu heilen. Zunächst durch Hilfe von außen, z.b. Aurasoma, Bachblüten, Homöopathie, Farb-Akupunktur, Licht-Klang-Therapie, später durch eigene Bewußtseinsveränderung.

Die Anwendung dieser feinstofflicheren Methoden versetzt Menschen in eine höhere Stufe, einen höheren Schwingungsbereich. Dieses erweiterte Bewußtsein kennt die Selbstheilungskräfte und weiß um den Erfolg der persönlichen Harmonisierung. Für einen Menschen in dieser Entwicklungsphase ist die Aurafotografie ein sehr gutes Hilfsmittel.

Es ist nicht möglich, zwei oder drei Entwicklungsstufen zu überspringen. Menschen, die jetzt noch Fleisch essen, die sich im unteren Schwingungsbereich bewegen, haben auch bestimmte Aufgaben zu erfüllen, die wir nicht kennen und nicht beurteilen dürfen. Sie können nur aus sich selbst, aufgrund von Beispielen ihrer Umwelt, eine Verbesserung herbeiführen. Vorbild ist jemand, der stark, ausgeglichen und harmonisch ist, der helle Energie ausstrahlt. Solche Eindrücke sind Impulse, das eigene Leben zu überdenken. Jede Art von Missionieren lehne ich ab, weil oft nur das Gegenteil erreicht wird.

Wenn jemand, der seit Jahrzehnten Fleisch ist, ab sofort keines mehr essen darf, wird er krank, denn andere Speisen würden nicht zu ihm und seiner geistigen Einstellung passen. Wer sich noch in einem unteren Schwingungsbereich befindet, benötigt eventuell noch die Aggressionen und Ängste, die im Fleisch programmiert sind. Ein Soldat im Einsatz z.B. braucht Fleisch, um seine Aggressivitäten aufbauen zu können. Er will diese Aufgabe erfüllen und das ist auch richtig so. Für diese Aufgabe braucht er Fleisch. Wenn sich eines Tages sein Bewußtsein verändert und er kein Soldat mehr sein will, verändert sich auch sein elektromagnetisches Umfeld und seine Energie. Er wird automatisch spüren, daß Fleisch ihm nicht

Sinnvolle Behandlungen

hilft und ihm nicht bekommt. Er wird etwas anderes suchen und irgendwann feststellen, daß er vegetarische Kost besser verträgt.

Gleichermaßen würde ein Vegetarier krank werden, wenn man ihn zwingen würde, Fleisch zu essen. Die Schwingung von Fleisch paßt nicht zu dem, was er jetzt „ist".

Befinden wir uns in der Liebe, sind wir tolerant und reagieren verständnisvoll. Wir sehen die Berechtigung aller Formen des Daseins. Aggressivität wird umgewandelt in Liebe und führt zu einem Leben ohne Angst.

Aggressivität ist immer mit Angst verbunden. Ein typisches Beispiel war Stalin. Er ließ viele persönliche Freunde und Berater aus Angst, sie könnten ihm etwas antun, umbringen. Er stand permanent unter Angst.

Mut braucht keine Aggressivität. Mut ist Stärke, Liebe, Selbstvertrauen und Achtung vor sich selbst. Alles was wir uns antun, tun wir auch anderen an. Wenn wir uns selbst achten, achten wir auch die anderen. Wenn wir uns akzeptieren und unsere Fehler tolerieren, gelingt es uns auch bei anderen.

Wenn wir uns lieben, so wie wir sind, können wir andere lieben, so wie sie sind. Wenn wir bereit sind, dem anderen nur unser Bestes zur Verfügung zu stellen, bekommen wir von ihm wiederum sein Bestes zurück. Das geschieht auf der selben Ebene. Selbst wenn ein Mensch anderen gegenüber anders handelt, wird er mit uns auf einer höheren Ebene kommunizieren.

Wir können diese Spiegelbilder immer in unserer Umgebung beobachten. Wie wir sind, so spiegelt sich unsere Umwelt. Entweder mit Zuneigung oder Abneigung. Wir bekommen die Menschen, die auf der gleichen Ebene und Schwingung mit uns kommunizieren können. Es gehört ein klein wenig Mut dazu, die Tür unseres Herzens für die göttliche Kraft zu öffnen.

Wir stehen vor einem riesigen Entwicklungssprung. Es brauchen nicht viele zu sein, nur einige Prozent, die eine bestimmte Reinheit in der Bedingungslosigkeit erreicht haben, dann ziehen alle anderen nach. Ich bin tief davon überzeugt, daß wir das bald erreichen.

Ergänzung zur Therapiemöglichkeit mit dem Licht

Die Farblichttherapie beruht darauf, daß wir Farb-Licht-Bäder machen können. Eine sehr gute Heilmöglichkeit z.B. für Depressionen. Die Therapie wird mit gebündeltem Licht in einer bestimmten Farbe mit Licht punktiert. Noch stärkere Auswirkungen hat die Kombination von Farbe und Licht mit Klang. Sie wirkt stark harmonisierend auf energetische Disharmonien.

Ton	Farbe
c	rot
d	orange
e	gelb
f	grün
g	blau
a	indigo
h	violett

Brillen mit entsprechenden Farben stärken die Schwingung. Zum Beispiel kann man Orange für depressive Menschen verwenden und es mit Komplementärfarben ergänzen (Kalt- und Warmfarben).

Interpretation der Aurafotografien

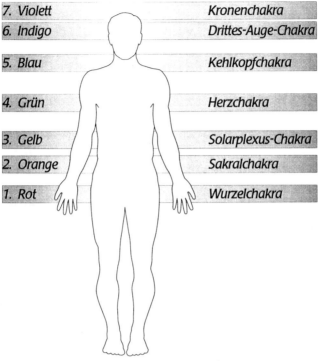

Zeichnung 3

Interpretation der Aurafotografien

Die astralen Kräfte, die nicht zur Weltmanifestation gehören, kann man logischerweise auch nicht physikalisch messen. Die einzige Möglichkeit, die reale Welt des Menschen zu erfassen, kann nur aufgrund des Resonanzgesetzes (Spiegelbildeffekt) erfolgen.

Bei der Aurafotografie handelt es sich um die Messungen an den Resonanzpunkten der Hände. Auf diese Art und Weise gesammelte Daten werden computermäßig bestimmten Farben zugeordnet, die wiederum auf das vorher gemachte Polaroidbild aufgestrahlt werden.

Die Bedeutung der Farben hängt mit der Programmierung der astralen Energieformen in bestimmten Lebensprozessen zusammen.

Auf dem Aurabild ist die linke Körperseite für das weibliche Element zuständig. Es sind die eingehenden Energien, die sich unmittelbar auf den betreffenden Menschen auswirken. Mit diesen Energien identifizieren sich die Betroffenen am meisten, weil sie mit der introvertierten Verhaltensweise zu tun haben.

Die andere Körperseite, also die rechte, zeigt uns auf dem Bild die männliche Seite des Menschen, die ausgehende Energie. Diese Seite wiederum zeigt uns, wie wir mit der Umwelt umgehen und auf welche Weise wir uns manifestieren. Die Seite wird von uns schlechter erkannt als von unseren Mitmenschen.

Ich habe schon oft bei einer Interpretation des Aurafotos von dem Betroffenen gehört: „Nein, so bin ich nicht" und von dem nebenbei stehenden Ehepartner: „Doch, genauso bist Du." Das zeigt mir, daß wir Menschen unsere linke, weibliche Seite, besser kennen, als die Seite, mit der wir nach draußen wirken.

Auf der linken Körperseite oberhalb des Kopfes, sieht man die Kommunikationsebene im geistigen Bereich. Die Kommunikationsebene im seelischen Bereich liegt in der Mitte des Bildes auf der Höhe des Halses. Die geistige Ebene zeigt mir, wie der Kunde mit der höheren Welt kommuniziert, welche Farbe er als Grundlage für die Kommunikation nimmt.

Die seelische Ebene zeigt mir die Art der Kommunikation mit der Außenwelt. Beispiel: Wenn ich in den Kommunikationszentren die gelbe Farbe sehe, bedeutet es, daß dieser Mensch mit der realen Welt und mit der Außenwelt auf der intellektuellen Ebene kommuniziert. Das bedeutet, daß er alles, was er intuitiv von der realen Welt aufnimmt, durch Logik filtert und nur das verwertet, was den Gesetzen der Logik zuzuordnen ist.

Wenn im geistigen Kommunikationszentrum die Farbe Hellblau erscheint und im seelischen Kommunikationszentrum

Interpretation der Aurafotografien

Gelb bleibt, bedeutet es, daß der Mensch mit der realen Welt auf der Vertrauensbasis kommuniziert und logisch, intellektuell seine Erkenntnisse weitergibt.

Auf der rechten Körperseite, oberhalb des Kopfes, haben wir die Willensebene, die mit der Zukunft des Menschen zusammenhängt. Weil alles, was wir im Wollen „programmieren", in der Zukunft geschieht. Sogar, wenn wir unsere Vergangenheit verändern wollen, tun wir es in einem Prozeß, der sich in der Zukunft abspielen wird.

Diese Ebene hängt sehr stark mit der Herzebene in der Mitte des Bildes unten zusammen. Wenn ich es auf der Herzebene mit einem dunklen Farbspektrum zu tun habe, und oben rechts zeigt sich die gleiche Farbe ebenfalls dunkel, bedeutet dies, daß wir es mit gebündelten Kräften zu tun haben, die sich nicht in der Liebe entfalten können, sondern das Gesetz der Liebe für diesen Menschen noch verborgen bleibt.

Um es zu konkretisieren, hier ein anderes Beispiel: Unten in der Mitte sehen wir die Farbe Dunkelgrün. Die gleiche Farbe ist in der Willensebene sichtbar. Es bedeutet, daß sich der Mensch mit Existenz- und Zukunftsängsten plagt. Dann muß mit Vertrauen (hellblau) gearbeitet werden, oder mit der Herzensenergie, der Energie der Mitte, mit der heilenden hellgrünen Kraft. Das heißt: Wir wollen die Kräfte umpolen. Praktisch werden wir die Einsichten über Harmonie und Ordnung, auf denen die Welt aufgebaut ist, klären und so argumentieren, daß wir den Betroffenen zu Selbsterkenntnissen motivieren können.

Es ist eine sehr wichtige Ebene, weil sich hier alles realisieren wird, ob hell oder dunkel, was der Mensch seinem Entwicklungsstand entsprechend, eingebaut hat.

Wenn wir es schaffen, im Jetzt die Einstellungen, die aufgrund der Vergangenheitserfahrungen entstanden sind, zu verändern, verändern wir im Jetzt auch die Zukunft, jene Zukunft, die sich aus unzähligen „Jetzt" zusammensetzt.

Auf der rechten Körperseite, in der Mitte des Bildes befindet sich die Bewußtseinsebene, die uns zeigt, mit welcher Helligkeit und Energie der Mensch mit sich selbst umgeht. Wieder ein Beispiel: Wenn auf der Bewußtseinsebene Hellgrün erscheint, bedeutet es, daß der Mensch mit der Farbe der Veränderung arbeitet und er wird sich demnächst bewußt verändern. Wenn wir dann die Farbe ansatzweise in anderen Regionen der Aura sehen, bedeutet es, daß dieser Prozeß bereits begonnen hat, wenn nicht, steht unser Kunde kurz vor der Entscheidung und braucht wahrscheinlich unsere Hilfe, um „den einen Fuß vor den anderen zu setzen". Dabei denken wir immer an die Stärken, die jeder Mensch besitzt. Das sind seine hellen Farben, seine Fähigkeiten, mit denen er am besten seine dunklen, noch unbewußten, unverarbeiteten Seiten seiner Persönlichkeit verändern kann.

Die rechte Körperseite unten zeigt uns, mit welchen Kräften unser Klient nach außen wirkt. Wenn dort beispielsweise eine dunkelblaue Farbe zu sehen ist, bedeutet es, daß er mit der Farbe der Gerechtigkeit auf der männlichen Seite arbeitet. Auf eine Weise, die ich als kritische Auseinandersetzung mit der Außenwelt bezeichnen würde. Wenn ich dort und im seelischen Kommunikationszentrum die hellgrüne Farbe sehe, schließe ich daraus, daß ich es mit einem Menschen zu tun habe, der heilende Fähigkeiten besitzt und auf andere harmonisierend, ausgleichend und beruhigend wirkt.

Er wirkt sogar verbal durch das Kommunikationszentrum. Die Wahrnehmung auf dem Bild, deckt sich bei einem guten Therapeuten mit der Wahrnehmung, die mittels eigener Intuition vorgenommen wird.

Erst bei diesem Gefühl können wir sicher und wirksam beraten. Dabei sollen wir nie vergessen, auf unseren Kunden holistisch zu schauen und aus der Synthese unserer Wahrnehmungen wirken.

Ich habe sieben Bilder ausgesucht, auf denen eine bestimmte Farbe dominiert. Sieben Bilder, weil man das weiße Licht in sieben Spektralfarben aufteilen kann. Wir haben auf unserer ätherischen Ebene sieben Chakren, die uns die entsprechende Licht-Farb-Schwingung jederzeit zur Verfügung stellen. Die sieben Regenbogenfarben haben die gleiche Zuordnung und

Interpretation der Aurafotografien

Reihenfolge wie die Chakren. Es ist interessant, daß man die sieben Spektralfarben aus drei Grundfarben und zwar Rot, Gelb und Blau erzeugen kann.

Rot wird dem ersten Chakra zugeordnet und erzeugt mit Gelb, also mit der Energie, die im dritten Chakra entsteht, die Farbe Orange, die dem zweiten Chakra entspricht. Aus Gelb und Blau entsteht die Farbe Grün, die die Energie der Mitte genannt wird und dem Herzchakra, dem vierten Chakra zugeordnet wird. Blau und Rot ergibt Violett. Blau entsteht im fünften Chakra (Kehlkopfchakra) Violett im siebten (Kronenchakra). Auf diese Art und Weise haben wir sechs Farben erzeugt.

Es fehlt noch die siebte Farbe, die dem dritten Auge zugeordnet wird. Das dritte Auge soll alles durchschauen, deswegen setzt es sich aus allen anderen Farben zusammen, im Verhältnis eins zu sechs. Auf diese Weise kommt es zur Farbe Indigo.

Der Mensch besteht aus sichtbarem und unsichtbarem Licht. Licht hat unbegrenzte Speichermöglichkeiten. Die Persönlichkeit des Menschen macht alles, was vom Urknall bis zum heutigen Tag in ihm eingespeichert wurde, aus. Die ideale Ordnung der Information befindet sich in dem höheren Selbst, dem göttlichen Teil des Menschen, der immer ist und nicht leiden und krank werden kann.

Die astrale Ebene macht unsere reale Welt aus und speichert unsere Emotionen, also Gefühle, Denken und Willensimpulse. Zur materiellen Welt gehört die ätherische Ebene und der physische Körper. Die ätherischen Kräfte sorgen für die physikalische Ordnung und spielen eine Mittlerrolle zwischen der realen Welt des Menschen und seiner Welt der Manifestation.

Die reale Welt materialisiert sich nie, sie manifestiert sich nur. Unsere Erlebnisse aus der Welt der Manifestation bereichern unsere reale Welt.

Unsere Aura zeigt uns die Art, wie wir mit den Impulsen aus der physischen Welt umgehen. Für bestimmte Tätigkeiten brauchen wir bestimmte Energien, Lichtfarben. Was für Erlebnisse und in welchen Farben sie gespeichert werden, wurde bereits beschrieben. Hier wollte ich das Wissen synthetisieren

Erkenne Dich selbst

und beschreiben, den Nutzen für unser Bewußtsein, den wir durch die Aurafotografie bekommen.

Bild 1

(Siehe auch Seite 114)

Auf diesem Bild dominiert die Farbe rot, die im ersten Chakra erzeugt wird. Auf der linken Körperseite ist die Energie ein bißchen dunkel, das bedeutet, daß der Mensch mit den vitalen Kräften nicht so gut umgehen kann, was zu Ungeduld und emotioneller Erregbarkeit führen kann.

Um den Kopf herum bildet sich ein brauner Bogen, der auf momentane Streßsituationen hinweist. Je höher wir aber schauen, desto klarer und heller wird die Farbe, die Vitalität mischt sich hier also mit der Klarheit der Liebe.

Dazu kommt noch die gelbe Farbe, die Trägerin der intellektuellen Fähigkeiten. Wenn wir diese beiden Farben zusammensetzen, sehen wir eine Fähigkeit, die als organisatorische bezeichnet werden kann. Die Kraft des Intellektes plus die Vitalität ergeben sie.

Eine dunkelbraune Stelle oberhalb der Bewußtseinsebene deutet auf eine seelische Verletzung hin, die zur Zeit verarbeitet wird.

Die Bewußtseinsebene ist violett, was auf eine spirituelle Entwicklungsrichtung deutet. Die gleiche Farbe sehen wir auch in der seelischen Kommunikationsebene, der Mensch redet gerne über das was ihn interessiert, also Esoterik.

Die grüne Farbe in dem Bereich zeigt eine Veränderung auf der Kommunikationsebene an.

Die dunkelblaue Farbe, die wir auf der rechten Körperseite sehen, zeigt uns, wie der Gerechtigkeitssinn unbewußt noch genutzt wird. Der Mensch distanziert sich zu seiner Umwelt und setzt sich mit ihr kritisch auseinander.

Auf der anderen Seite sieht man dann die Folge davon - seine Umwelt ärgert ihn auch. Sein Herz wurde skeptisch. Es ist fast zu. Die gesamte Aura hat sehr viel Kraft. Der Umgang mit die-

Interpretation der Aurafotografien

ser Energie könnte durch das Wecken des Bewußtseins für seine astrale Kraft um einiges verbessert werden.

Bild 2
(Siehe auch Seite 115)

Die dominierende Farbe dieses Bildes ist Hellorange. Diesen Menschen charakterisiert eine Heiterkeit und der richtige Umgang mit seinen Liebeskräften.

Auffallend an diesem Bild sind die weißen Energien in beiden Kommunikationszentren, wobei die Farbe im seelischen Bereich eher einen hellblauen Charakter hat. Das Seelische wird also auf Vertrauensbasis aufgebaut. Im geistigen Bereich mischt sich weiß mit Magenta, das sich auf der Grundlage der Bedingungslosigkeit, der richtigen Liebe, bildet.

Im unteren Bereich, auf der weiblichen und der männlichen Seite, sehen wir die Farbe Hellgrün, die auf heilende Fähigkeiten dieses Menschen deutet. In Verbindung mit den sehr hohen intuitiven Fähigkeiten (Kommunikationszentren) haben wir es hier mit einem fähigen Heiler zu tun.

Aber auch dieser Mensch hat einige Probleme zu bewältigen, an denen er wachsen kann. Auf der linken Körperseite ballt sich an den Rändern die grüne Energie. Er fügt sich damit finanzielle Sorgen zu. Er belastet auch sein Herz und erschwert sich den direkten Kontakt zu der göttlichen Welt.

Oberhalb der Bewußtseinsebene sieht man eine dunkelrote Stelle, die auf ein unverarbeitetes Erlebnis mit Ärger und Wut hindeutet. Das Licht an diese Stelle zu bringen, bedeutet zu verstehen, daß alles, was mit ihm passiert, eine Hilfe für seine Bewußtseinserweiterung ist. Um die Farbe umzupolen, muß er bereit sein, in die Konfrontation zu gehen, das Problem herauszuholen, neu zu betrachten und die richtigen Fragen zu stellen.

Die Fragen beginnen immer aus dem Bewußtsein heraus, daß ich der Drehbuchautor, der Regisseur und der Hauptdarsteller meines Lebens bin. Ich bin also der 100%ige Herr meiner Welt. Erst dann kann ich bewußt die Frage stellen, wieso ich mir diese Situation in dieser Zeit und auf diese Weise in mein Leben eingebaut habe. Wieso habe ich einem bestimmten Menschen diese für mich zum damaligen Zeitpunkt unangenehme Rolle gegeben? Was hat es mir gebracht? Erst wenn mir klar wird, wie ich mich dadurch bereichern und stärken konnte, kann ich in mir Dankbarkeit entwickeln. Erst wenn sie wirklich aus dem Herzen kommt, verändert sich die dunkle Stelle in eine hell strahlende, große freie Licht-Farb-Kraft.

Diese helle Farbe steht mir ab jetzt zur Verfügung. Ich habe einen bis jetzt noch dunklen Teil meiner Vergangenheit in einen hellen umgewandelt. Im Jetzt wird meine Vergangenheit verändert. Mit dieser hellen Kraft kann ich ab sofort meine Zukunft „malen".

Da das Leben nur im Jetzt stattfindet, nutzen wir unsere strahlende Helligkeit für alles, was aus der Vergangenheit und aus der Zukunft ins Jetzt geholt wird. Wieso holen wir die Vergangenheit und die Zukunft ins Jetzt? Um zu gestalten! Wenn wir dies bewußt tun, leben wir in Liebe und Ordnung.

Alles, was aus der Vergangenheit nicht als Liebe in uns erscheint, heißt nicht, daß es nicht Liebe war, sondern es heißt, daß wir nicht verstehen konnten, was für eine Bedeutung dieses „unangenehme Ereignis" für unsere Entwicklung hatte. Dieses Ereignis wartet dann bis zu dem Zeitpunkt in uns, in dem wir es bewußt umpolen können.

Auch unsere Zukunft entsteht durch das Wort, also einen in die Welt der Manifestation eingeführten Gedanken. Die wiederholten Gedanken, die in die Zukunft gesteuert werden, verwirklichen sich. Je öfter wir die „Affirmationen" wiederholen, desto schneller werden sie sich realisieren.

Wenn ich affirmiere: „Ich bin blöd, ich bin zu dick, ich schaffe es nie", wird es nach mehrfachen Wiederholungen zur Realität. Auf diese Weise habe ich unbewußt meinen Willen durchgesetzt. „Das Wort wurde zum Fleisch." Wenn ich über die Bedeutung des Wortes im Jetzt Bescheid weiß, handle ich sorgfältiger und bewußter.

Interpretation der Aurafotografien

Ich affirmiere: „Ich bin weise, ich bin innerlich und äußerlich reich, ich bin schön usw". In dem Moment, in dem ich es denke, bin ich es schon. Es beginnt ein Prozeß. Alles, was mich von der Verwirklichung meiner Idee trennt, ist die Zeit. Bekanntlich existiert aber die Zeit nur in der Welt der Manifestation. Die reale Welt hat keinen Raum und keine Zeit. Durch mein konsequentes Denken, ergänzt durch das Fühlen und Wollen, verändere ich mich sofort im Jetzt.

Wir überwinden mit diesen Gedanken die Polarität in der Welt der Manifestation.

Bild 3
(Siehe auch Seite 116)

Dieses Bild zeigt uns die hellgelbe Aura eines Menschen. Die göttliche Heiterkeit mischt sich hier mit den intellektuellen Fähigkeiten.

Die Kommunikationszentren sind beide weiß und deuten auf sehr gute Verbindung zur realen Welt. Die männliche Seite ist hellgrün und wird zum heilenden Wirken in der Außenwelt genutzt. Das Herz im hellen Rot strahlt Liebe aus. Dieser Mensch kann mit seinen Fähigkeiten viel Intellektuelles und Heilendes bewirken.

Die dunklen Stellen um den Kopf herum deuten trotzdem auf Streß. Die roten Stellen in der Willensebene zeigen uns unverarbeitete (weil noch schmerzhafte) Erlebnisse aus der Vergangenheit. Weil sie aber in der Aura sichtbar sind, bedeutet dies, daß der Mensch sich mit diesen Erlebnissen aus seiner Vergangenheit beschäftigt. Auch die Einflüsse der Außenwelt bewirken bei ihm Streß. Das bedeutet, daß er sich noch nicht von den dunkel machenden Einflüssen der Umwelt abgrenzen kann.

Wenn wir die dunklen Stellen hinterfragen, können wir gemeinsam mit dem Betreffenden Lösungen finden, die es ihm ermöglichen, bewußt seine Schwächen abzubauen und seine Stärken noch leuchtender werden zu lassen.

Bild 4: Jürgen Grieshaber, vorher – nachher
(Siehe auch Seite 117)

Auf dem Bild 4 haben wir hauptsächlich mit der grünen Farbe zu tun. Betrachten wir uns zuerst die linke Körperseite: auf der Innenseite sehen wir die Farbe Violett, die von einer feinen Spiritualität zeugt, an der Außenseite läßt die Farbe Rot, die ins Dunkle neigt, viel Ärger, Wut und Ungeduld in die Aura fließen. Etwas höher auf der gleichen Seite mischt sich die hellblaue Farbe des Vertrauens mit der grünen Farbe der Energie der Mitte zu einem Türkis, was sich sehr deutlich im geistigen Kommunikationszentrum absetzt. Dieser Mensch hat eine gute Intuition und kommuniziert mit der geistigen Welt auf der Basis des Vertrauens und der heilenden Harmonie. Um seinen Kopf herum verdichtet sich die Farbe zu einer Energie, auf der Zweifel, Skepsis und Existenzängste zu sehen sind. Die Ebene des Herzens ist dunkel, das Herz ist verletzt. Viel deutlicher sieht man aber die Verletzungen auf der rechten Körperseite oberhalb des Kopfes an zwei Punkten, die mit einem Gemisch von Gelb und Hellgrün gerade behandelt werden. Dieser Prozeß ist noch nicht abgeschlossen. Es tut noch ordentlich weh. Spirituelle Fähigkeiten, die sich auf der rechten Körperseite manifestieren, sind noch mit der roten geballten Farbe zugedeckt und können deswegen nicht klar und deutlich zum Vorschein kommen. Dazu kommt noch die versteckte Aggressivität, die auf der Bewußtseinsebene zu sehen ist. Die Skepsis gegenüber eigenen Fähigkeiten verunsichert diesen Menschen, der über eine sehr große Aura, also viel Kraft und ausgearbeitete Energien verfügt. Der grüne Bereich zeigt, daß er über heilende Kräfte verfügt, die er jetzt noch vollständig für sich selbst nutzt. Kopfschmerzen und Verspannungen im Nacken- und Rückenbereich könnten auftreten.

Ich habe ihm geraten, auf seine Farb-Kräfte zu vertrauen, die spirituelle Weisheit auszubauen, sich selbst zu realisieren,

Interpretation der Aurafotografien

belastende Einflüsse von außen bewußt fernzuhalten, oder die dunkelroten Energien, die von außen kommen, als Potential zu erkennen, sie umzupolen und als hellrote Kraft der Liebe zu nutzen.

Da ich selbst einmal ein ähnliches Bild meiner eigenen Aura vor mir hatte, konnte ich mir sehr gut vorstellen, was dieser Mensch vor kurzem erlebte und wie ihn seine emotionelle Lage belastete. Ich wußte, daß, wenn er meinen Ratschlägen folgen würde, er bald auf einer anderen Entwicklungsstufe stünde.

Das Schicksal hat uns ein halbes Jahr später in einem Hotel in Österreich wieder zusammengeführt, wo ich das zweite Bild von ihm machen durfte. Dieses Foto zeigt uns die gleiche Farbe auf der linken Körperseite mit dem Unterschied, daß die Farbe auf dem zweiten Bild strahlend, leuchtend, sauber, hell und klar ist. Auch die rechte Körperseite ist heller, aber immer noch ein bißchen von der blauen Farbe des Selbstzweifels und Selbstkritik gedämpft. Die blaue Farbe sehen wir auch oberhalb des Kopfes und am oberen Rand der Aura. Das heißt der ausgeprägte Gerechtigkeitssinn dieses Menschen bezüglich der Analyse seiner eigenen Vergangenheit zwingt ihn noch immer zur Introvertiertheit. Nach außen wird er oft das Gegenteil zeigen, um von seinem verletzbaren Inneren abzulenken. Das Herz ist fast offen im Vergleich zum ersten Bild. Die körperliche Verspannung ist kleiner und die Belastung von außen wesentlich geringer. Die enorme Kraft der Liebe, die auf dem Bild zu sehen ist, bewältigt auch langsam die versteckten Aggressivitäten, die bei dieser Charakterkonstellation anders schwer abzubauen wären. Dieser Mensch kann nämlich nur schwer über Themen kommunizieren, die einem Anderen unangenehm sein könnten. Es ist aber eine gute Übung für ihn. Ich bin davon überzeugt, daß er sich trotzdem dieser Herausforderung stellt, wenn es erforderlich ist. Es ist aber keine leichte Angelegenheit für ihn. Die enorme Kapazität von Weisheit und Liebe will endlich in Fluß kommen. Diesen Kreislauf zu verbessern und die Selbstkritik endlich in volles Vertrauen zu seinen einmaligen Qualitäten umzupolen, war mein Rat.

Bild 5
(Siehe auch Seite 118)

Mit diesem Bild wollen wir die Energie des fünften Chakras beschreiben, also blau.

Das Bild zeigt uns, daß diese Dame viel mit der Farbe der Gerechtigkeit arbeitet. Sie nutzt aber die Farbe noch unbewußt, weil sie dunkel ist. Sie setzt sich mit ihrer Vergangenheit, die wir auf dem oberen Rand der Aura sehen, kritisch auseinander. Sie kritisiert sich selbst und Menschen, die in ihrer Vergangenheit eine wichtige Rolle für ihre Entwicklung gespielt haben.

Sie verdichtete damit die blaue Kraft im Laufe der Zeit dermaßen, daß sie in der Zukunftsebene zur schwarzen Farbe wurde. Die Dichte einer Farbe, die schwarz wird, entzieht sich der Kontrolle des Menschen. Wenn wir in einem Entwicklungsprozeß in eine Sackgasse laufen, zeigt uns der physische Körper spiegelbildlich die Eigendynamik dieser Kraft. Es verselbstständigen sich im Körper bestimmte Zellen und wuchern auf Kosten der anderen. Sie verursachen Disharmonie in der körperlichen Organisation. Man bezeichnet das als die Krankheit, die Krebs genannt wird.

Wenn wir uns genau die Willensebene anschauen, sehen wir dort auch die dunkelgrüne Farbe, die auf Zukunfts- und Existenzängste hinweist.

Der Blick auf die Herzebene zeigt uns die beiden Farben dunkelblau und dunkelgrün. Im astralen Sinn handelt es sich um ein verschlossenes Herz. Wir wissen, daß es sich hier um langwierige Beziehungsprobleme handelt und stellen entsprechende Fragen, die durch Erkenntnis zum bewußten Umpolungsprozeß führen.

Wenn es uns gelingt, den Menschen auf der astralen Ebene zu erreichen, haben wir sehr gute Chancen, diese Krankheit zu neutralisieren. Was anschließend passiert, ist nur ein Spiegelbildeffekt, der auf dem Resonanzgesetz beruht. Der Körper stellt die Ordnung und Harmonie wieder her, die wir auf der astralen Ebene erlangt haben.

Interpretation der Aurafotografien

Wir nutzen dafür die Kräfte, die auf dem Bild heller sind, also Energien, mit denen der Mensch gelernt hat besser umzugehen. In diesem Fall sind es die Farben Rot und Violett. Rot sehen wir auf der weiblichen Seite, Violett auf der männlichen. Wenn wir mit der roten Farbe ein bißchen heller (bewußter) arbeiten, fügen wir dem Menschen Liebe und Vitalität zu. Diese Kraft kann er nutzen, um liebevoller mit sich selbst und seiner Vergangenheit umzugehen.

Rot mischt sich dann mit Blau und es entsteht die violette Farbe, die zu höheren spirituellen Erkenntnissen führen wird. In diesem Fall unterstützen wir den Mut zur Spiritualität, der sowieso schon auf der rechten Seite vorhanden ist.

Dieser Mensch wird entsprechend seinen Fähigkeiten auf die Umwelt wirken und Dankbarkeit ernten. Dies werden wir als hellrote Farbe in die linke Körperseite hineinfließen sehen. Es beginnt ein Umpolungsprozeß von Dunkel in Hell, von Unbewußtem ins Bewußte, vom Kritischen ins Vertrauensvolle, von Angst zum Mut zu sich selbst, von Ärger und Groll zu Liebe.

Bild 6
(Siehe auch Seite 119)

In dem sechsten Bild wollen wir uns mit der Energie des dritten Auges beschäftigen, also mit der Farbe Indigo.

Ein Umgang mit dieser Energie ermöglicht es uns, unsere Intuition auszubauen und die Weisheiten, die wir auf diese Art und Weise bekommen haben, für uns und andere anzuwenden. Auf dem Bild sehen wir die Farbe Indigo auf der rechten Körperseite klar und deutlich, was diesem Menschen ermöglicht, bewußt mit der Fähigkeit der Hellsichtigkeit nach außen zu wirken.

Auf der linken Körperseite sehen wir die Farbe Orange, die aber noch nicht transparent ist, obwohl sie kräftig und hell ist. Sie nimmt einen großen Raum ein und stellt eine Organisationsfähigkeit dar, die für eigene Zwecke genutzt wird.

Die Farbe Hellmagenta, die wir auf der linken Seite des Kopfes sehen, wirkt sich positiv auf die Kommunikation mit der geistigen Welt aus.

In dem Bereich der Kommunikation sehen wir Hellblau im Seelischen, also Vertrauen. Ferner zeigt sich Liebe und Spiritualität in der Farbe von hellem Magenta. Im Hellgelb wirkt Verstandeskraft. Hellgrün steht ihm mit Harmonie und heilenden Fähigkeiten zur Verfügung.

Auf der Achse von oben links zu unten rechts entsteht ein kreativer Kanal, in dem sich die geistige Welt in ihrer Helligkeit in die Welt der Manifestation ausdrücken kann. Dieser Mensch macht sich damit zu einem Mittler zwischen der geistigen und der materiellen Welt.

In der Vergangenheitsebene zeigt sich uns die Farbe Blau. Sie könnte heller sein. Es bedeutet, daß dieser Mensch noch nicht ganz mit sich selbst zurecht kommt. Er benutzt seinen Gerechtigkeitssinn noch oft in skeptischer und kritischer Auseinandersetzung mit der eigenen Vergangenheit.

Im Willensbereich sieht man in der grünen Farbe eine leichte Tendenz zu Existenzsorgen, in der blauen Farbe zu Skepsis. Die blaue Farbe ist teilweise hell und geht in Indigo über. Man kann davon ausgehen, daß dieser Mensch nach Bewältigung seiner Probleme eine interessante Aufgabe im Dienste für andere Menschen übernehmen kann. Es ist genug helle Energie in seiner Aura vorhanden.

Sein Herz braucht noch mehr Licht. Was wir diesem Menschen empfehlen können, ist der bewußte Umgang mit Vertrauen, vor allem in der Zukunftsebene. Seine Fähigkeiten, die bereits zu erkennen sind, können auf eine noch hellere und erfolgreichere Weise in die Zukunft „einprogrammiert" werden.

Interpretation der Aurafotografien

Bild 7

(Siehe auch Seiten 120 und 121)

Bei dem siebten Bild geht es uns um das siebte Chakra, um die violette Energie. Das Bild zeigt uns ein vierjähriges Kind, dessen Eltern sich vor kurzem getrennt haben.

Auf der linken Körperseite stößt Ärger und Wut an die Bedingungslosigkeit der Liebe und hohe Ur-Spiritualität, die in der hellvioletten Farbe klar zum Ausdruck kommt.

Auf der Kommunikationsebene hat die Verbindung zur geistigen Welt Urvertrauen-Charakter und ist auf der seelischen wie auch auf der geistigen Ebene als hellblaue Farbe vorhanden.

Der Herzbereich ist bereits verletzt und zeigt sich als dunkelrote unklare Farbe in der unteren Bildmitte.

Im Willensbereich sehen wir in der braunen Farbe eine großflächige Verletzung, die frühestens in der Pubertät von der Betroffenen bearbeitet werden kann.

Die grüne Farbe wirkt sich einerseits harmonisierend von der linken Körperseite auf das Kind aus. Andererseits führt sie auf der rechten Körperseite oberhalb des Kopfes, auf der Willensebene, zu Existenzängsten.

Auf der rechten Körperseite unten sehen wir die Farbe Dunkelblau, was darauf hindeutet, daß sich das Kind zu seiner Umwelt distanziert. Die Farbe beinhaltet auch Skepsis.

Den Eltern dieses Kindes kann man im Beratungsgespräch sagen, daß das Kind Harmonie und Vertrauen auf der Basis der bedingungslosen Liebe braucht. Ein Kind übernimmt unbewußt die Energien, die von seiner Umwelt kommen. Wenn diese Einflüsse zu dunkel sind, wird es damit überfordert. Diese Überforderung kommt häufig als körperliche Krankheit zum Ausdruck.

Das was die Erwachsenen auf der astralen Ebene verarbeiten können, müssen Kinder auf der physischen Ebene häufig durch Krankheit ausgleichen. Abhilfe kann nur durch Zuwendung von großen Mengen an Zuneigung und Liebe geschaffen werden. Das Wichtigste für das Kind ist, daß die Eltern ihre eigene Problematik selbst verarbeiten. Spätestens zu diesem Zeitpunkt, an dem die Eltern ihre Wut, ihren Haß und Ärger, die Verletzungen und das Mißtrauen usw. verarbeitet haben und ihre dunklen Energien in helle und strahlende Kräfte umgepolt haben, ist das Kind gerettet.

Wir können die bereits „gespeicherten" Erlebnisse in der Aura des Kindes nicht wegradieren. Wir können sie aber durch neue liebevolle, helle „Programme" ersetzen. Das Kind braucht nicht krank zu werden, wenn die Erwachsenen sofort anfangen richtig zu handeln.

Das Kind auf dem Foto ist nicht krank geworden, das Mädchen besitzt inzwischen eine große helle strahlende Aura. Als Beweis dafür, wie man richtig in solchen Situationen mit dem Kind umgehen kann, wird hier ein zweites Bild, zwei Jahre später aufgenommen, gezeigt. Das Mädchen strahlt voller Liebe in hellem Magenta.

Kapitel 4
Fallbeispiele

*Liebe ist Bedingungslosigkeit
und Erwartungslosigkeit.
Sie manifestiert sich im individuellen Bewußtsein
und basiert auf Achtung vor jedem Lebewesen
und sich selbst.*

Was überzeugt mehr als der Erfolg in der Interpretier- und Beratungspraxis? Nachstehende Fälle behandeln das „vorher" und „nachher", zeigen Verspannungen und Entspannungen kraft eigener Erkenntnisprozesse und daraus resultierender lebensrichtig veränderter Einstellungen und Handlungen.

Einleitung zu den Fallbeispielen

Jede Krankheit oder besser gesagt: besonderer Gesundheitszustand ist auf eine bestimmte Disharmonie zurückzuführen. Disharmonie nicht nur zwischen der linken und rechten Körperseite, also zwischen dem männlichen und weiblichen Prinzip, sondern auch im „allerheiligsten" Teil des Menschen, dem sogenannten „Göttlichen Funken", der sich aus drei Teilen zusammensetzt: der Energie des Gottvaters, der Energie des Heiligen Geistes und der des Sohn Gottes. Um es zu vereinfachen, kann man die Energie Gottvaters dem Denken, die Energie des Heiligen Geistes dem Fühlen und die Energie des Gottessohnes dem Wollen zuordnen. Wenn wir nachdenken und überlegen, daß Materie all das ist, was gemessen und gewogen wird, dann gehört Denken, Fühlen und Wollen einer anderen Welt an: der realen Welt. In dieser Dreieinigkeit des Menschen herrscht nicht immer Friede. Frieden kann auch als Lebensordnung oder Harmonie bezeichnet werden. Disharmonie hängt vom jeweiligen Menschen und seinen Prozessen ab, die oft noch im Unbewußten ablaufen.

Nehmen wir als Beispiel einen Machtmenschen, nennen wir ihn „Manager", der meint, Gefühle stören ihn in der Ausführung seiner Arbeit. Er gibt seinem Denken mehr Energie, das dadurch an Bedeutung gewinnt. Es ist die Energie, die er dem Gefühl genommen hat. Um es zu verdeutlichen, zitieren wir Einstein, der sagte: „Es gibt keine Energiefreiräume". Das bedeutet, wenn wir von einem Raum Energie wegnehmen, fügen wir sie automatisch einem anderen Raum hinzu. Zurück zu unserem Manager, der die Energie aus dem Raum der Gefühle nahm und dem Raum des Denkens und Wollens hinzufügte. Jetzt fehlt in dieser Dreieinigkeit das Fühlen. Ohne Gefühle macht sich der Mensch zu einer Maschine, zu einem Computer, kann sich nicht in seine Tätigkeit einfühlen und wird gefährlich für seine Umgebung. Hier tritt das geistige Gesetz der Resonanz in Kraft. Für unseren Manager wäre wichtig, sich darüber klar zu werden, daß jeder die Konsequenzen seines Handelns erntet. Würde man diese Dreieinigkeit mit einem dreibeinigen runden Stuhl vergleichen, dem man ein Bein gekürzt hat, würde man von Instabilität sprechen. Ähnlich sähe die Situation aus, wenn wir Teile unserer Dreieinigkeit z.B. Denken oder Wollen ganz oder teilweise entfernten.

Stellen wir uns einen anderen Menschen vor, nennen wir ihn einfach liebevoll „Träumer". Aus eigener Erfahrung und Beobachtung seiner Umwelt kommt er zu dem Entschluß, Denken sei schädlich für sein Handeln. Er versucht nur in Gefühlen und Willensimpulsen zu leben und handelt „aus dem Bauch heraus" ohne nachzudenken, ohne Visionen zu entwickeln und ohne sich bewußtseinsmäßig stärken zu können. Unter den Esoterikern findet man ab und zu solche Menschen. Ohne Denken ist es ebenso gefährlich wie ohne Fühlen.

Es gibt aber auch einen Menschentyp, mit dem ich es oft zu tun habe, nennen wir ihn weniger einfach: „Grün-Weiser". Er hat sein Denken und Fühlen geschult und entwickelt. Er will seine eigene Dominanz nicht unterstützen und fürchtet sich davor Macht auszuüben. Dadurch kann er seine eigene Weisheit nicht durchsetzen. Ein anderer, der seines Denkens und Fühlens nicht so gut mächtig ist, aber stark im Wollen, stellt die Weichen nach seinen Vorstellungen. Die Folgen sehen wir in jedem Bereich der heutigen politischen, wirtschaftlichen und kulturellen Welt. Eine Archetypenanalyse veranschaulicht dieses gut. Die Testergebnisse würden unserem „Grün-Weisen" zeigen, daß er viele Wanderer-Anteile in sich trägt, also einen Teil eines suchenden, sich selbst bildenden Menschen. Er wird auch etliche Anteile eines Magiers, eines Weisen, also eines Menschen, der begriffen hat, um was es wirklich in diesem Leben geht, aufweisen. Er ist bereit, auf „Requisiten", die in diesem Spiel des Lebens nicht unbedingt gebraucht werden, zu verzichten. Er wird sich darauf konzentrieren, was die Welt verbessert und die paradiesischen Zustände wiederherstellen

Einleitung zu den Fallbeispielen

kann. Dieser Mensch kann sich in seinem eigenen Selbst finden und entwickelt Einfühlungsvermögen für andere Menschen. Was ihm fehlt, ist der Krieger, der sich mit eigenen Ideen durchsetzt. Viele „Grün-Weise" sehen wir z.b. in einer Partei der „Grünen", in der viel diskutiert wird. Die großartigen Visionen und Ideen der „Grün-Weisen" werden nicht „Auf den Punkt gebracht" und nicht durchgesetzt. Sie könnten sich ein Beispiel an den Mitstreitern von „Greenpeace" nehmen. Diese Aktivisten setzen sich sogar bei solchen Machtriesen wie „Shell" durch. Die Medien in der ganzen Welt werden in Bewegung gesetzt. Diese Spektakularität des Handelns gehört zwar zur Politik von Greenpeace, ist jedoch nicht unbedingt nötig im Handeln jedes „Grün-Weisen". Es kommt immer darauf an, die Umsetzung des Erdachten und Erfühlten zu realisieren. Also es geht im Fall des „Grün-Weisen" immer um die Resultate seines Handelns. Sonst nützen seine Weisheiten und großartigen Gefühle der Welt gar nichts.

Die beschriebenen drei Archetypen sind unbewußt unzufrieden und wissen nicht warum. Sie verdichten sich energetisch oft langsam, so daß der Körper mit der Zeit in bestimmten Bereichen geschwächt wird, was zwangsläufig wieder zu bestimmten Krankheiten führt. Der Mensch ist aber in seinem Ursprung gesund und kann nicht krank werden. Er kann sich nur in der Spiegelwelt, in der Welt der Manifestation, in der er sich bewußt von seinem Urwissen getrennt hat, um sogenannte Fehler zu machen, weiterentwickeln. Die Welt der Manifestation, die auf der Basis von Zeit und Raum in ihm entstanden ist, hat er sich selbst erdacht, erfühlt und erwollt. Die Krankheit des Körpers gehört dazu, weil sie eine Symbolik in sich trägt, die dem Träger des Körpers zu Umpolungsprozessen verhelfen kann. Wenn man gelernt hat, diese symbolische Botschaft zu entziffern, hat man es als Bewußtseinserweiterungsbegleiter leichter, diesem Menschen zu einem „Wunder" zu verhelfen. Die Schulmedizin nennt es den Placeboeffekt und Spontanheilung. Placeboeffekt deshalb, weil sie sich diesen Prozeß nicht erklären kann. Sie kann es sich tatsächlich nicht erklären, weil

Fallbeispiele

in der Ausbildung des Arztes dieser Teil des Wissens nicht enthalten ist. Der Arzt braucht es aber unbedingt, um aus dem Wissen in die Weisheit zu gelangen. Dieser spirituelle Teil des Wissens kann nur partikular und zwar als Grundlage in Kursen, Schulungen, Seminaren und Studien erlernt werden. Der wichtigste Teil, der zu einer individuellen, spirituellen Weisheit als bewußte Stärke führt, ist der Weg durch die Erfahrungen mit dem eigenen Selbst. Dieses „Surfen" in der eigenen unbegrenzten, unermeßlich schönen Welt der eigenen Erfahrungen führt uns zu dem Eins-Bewußtsein mit dem göttlichen Universum. Das Bewußtsein für die Zusammenhänge zwischen der realen Welt des Menschen mit seinen wunderschönen Farben des Lichtes in den Energiezentren (Chakren), den Energiebahnen (Meridiane), dem Energiekörper (Aura) und der spiegelbildlichen Entsprechung (physischer Körper) ist unerläßlich, wenn man im medizinischen, heilenden Bereich in der Zukunft arbeiten will.

Die Bereitschaft der Patienten für diese Art der Zusammenarbeit mit dem Arzt-Heiler wird wachsen. Solange es noch Menschen gibt, die von einem Arzt Heilung ihrer Krankheiten erwarten, und die nicht bereit sind, selbst dabei aktiv zu sein, solange werden sich auch Ärzte finden, die bewußtseinsmäßig den Patienten entsprechen und deren Wünsche erfüllen. Auf dieser Bewußtseinsebene werden wir noch mit unheilbaren Krankheiten zu tun haben. Diese Patienten werden immer Ärzte aufsuchen, die Mittel verschreiben, die sie künstlich auf chemische oder auch energetische Weise in einen Zustand versetzen, der als Scheingesundheitszustand zu bezeichnen wäre. Was verstehen wir unter Scheingesundheitszustand? Da sich dieser Mensch die Ursache seiner Krankheit nicht anschauen wollte, konnte er von diesem Arzt, der ihm die Medikamente verschrieben hat, auch nicht gezielt darauf aufmerksam gemacht werden. Dadurch kann die eigentliche Ursache nicht verarbeitet und behoben werden. Ob der Patient das Bewußtsein für die Zusammenhänge in der Welt erlangte oder nicht, er wird immer den Arzt bekommen, der zu ihm paßt und umge-

Einleitung zu den Fallbeispielen

kehrt. Der Arzt, der sich selbstbewußte, mutige Patienten wünscht, braucht sich nur spirituell weiterzubilden. Es geschieht nach dem Resonanzgesetz: Was ich ausstrahle, ziehe ich wieder an. Der unbewußte Patient kommt garantiert bald wieder zu seinem Arzt mit einer ähnlichen Krankheit oder mit einer Krankheit, die daraus resultiert, daß die Ursache der vorherigen nicht behandelt wurde. Wir haben es zur Zeit mit immer mehr Krankheiten zu tun, die das Resultat der nicht richtig verarbeiteten Ursachen der Vorerkrankungen sind, auf deren Basis eine neue Krankheit entstand und so weiter. Physiker würden diesen Zustand als Kettenreaktion bezeichnen. Vom „Endprodukt" zum Ursprung zurückzukommen, ist oft so kompliziert und schwierig, daß dieser Zustand als sogenannte unheilbare Krankheit bezeichnet wird. Einerseits floriert die Pharmaindustrie, indem sie Präparate herstellt, die auf die Endzustände energetisch oder chemisch einwirken und eine scheinbare Gesundheit verhältnismäßig schnell herstellen können. Andererseits werden Diagnose-und Behandlungsgeräte sowie Instrumente immer feiner, komplizierter und teurer, somit florieren auch die Behandlungskosten. Die extrem hohen Krankenkassenbeiträge reichen zur Abdeckung bei weitem nicht mehr aus. Die Gesundheitsreform kann keine Interessen-Partei zufriedenstellen ohne Beteiligung und Umdenken aller Betroffenen, d.h. Industrie, Krankenkassen Ärzte, Apotheker und Patienten. Wir bewegen uns auf eine Grenze zu, an der wir, wenn wir nicht freiwillig umkehren, dazu gezwungen werden. Je länger wir an dem alten Gesundheits-Anspruchs-Denken festhalten, je länger wir erwarten, daß uns ein Medikament, ein Instrument oder ein Gerät heilen kann und nicht wir uns selbst, desto länger bleiben wir noch auf dem Weg, der in die „falsche" Richtung führt. Es ist aber auch in Ordnung, weil alles in Ordnung ist, was passierte und was nicht passierte. Die Frage ist nur, wieso ist es für mich wichtig, es in dieser Form zu erleben? Was kann ich davon lernen? Irgendwann werden wir die unbewußten Erlebnisse, die wir als „Farb-Licht-Konzentrat" gesammelt haben, in bewußte Erfahrungen umpolen. Je

Fallbeispiele

mehr wir umzupolen haben, desto mehr Entwicklungschance steckt dahinter. Je tiefer wir in das Tal gegangen sind, desto größer ist der Höhenunterschied, der später zu bewältigen bleibt. Wir wollen doch alle nach oben, oder? Die Folge, schlimmstenfalls, wird eine gute „Kondition" sein. Erst in diesem Moment, in dem wir bereit sind, die Verantwortung für unser eigenes Leben und somit für den eigenen Gesundheitszustand zu tragen, sind wir auf dem richtigen Pfad. Wie hängt das aber alles mit dem Wunder der Spontanheilung und dem Placeboeffekt zusammen? Die Krankheit brauchen wir nur solange als Symbol und Wegweiser, bis wir ihren Sinn verstanden haben. Es sind Signale, die mir mein Körper mitteilen will. Wenn ich verstanden habe, was er mir zu sagen hat, kann mein Körper dieses Symbol zurückziehen. Ich bin gesund. Dabei hängt sehr viel vom Glauben ab. Wir sprechen es oft laut aus: der Glaube kann Berge versetzen, oder zitieren aus der Bibel was Jesus nach seinen Wunderheilungen gesagt hat: Dein Glaube hat Dich geheilt. Das bedeutet: Jesus sagte, Dein Vertrauen in Dich selbst hat Dir geholfen, Deinen besonderen Gesundheitszustand zu überwinden. Ich bin nur der Motivator, der Dir geholfen hat, Deinen Glauben an Deine unbegrenzten Möglichkeiten zu erwecken. Dein innerer Arzt ist jetzt wach. Du kannst alles bewältigen. Jules Vernes hat zu seiner Zeit ein U-Boot, ein Flugzeug, eine Rakete, einen Fernseher als Science-fiction beschrieben, was damals wirklich nur eine Idee war, die sich noch nicht materialisiert hatte. Viele mußten sich oft genug solche und ähnliche Gedanken machen, bis die Ideen zu Materie wurden. Heute haben wir bessere U-Boote und Raketen als jene, die damals als unerreichbar galten und nur in der Phantasie eines sehr bewegten Menschen entstehen konnten. Auch heute liegen Ihre Grenzen lieber Leser dort, wo Sie glauben, etwas nicht zu können. Irgendwann können Sie sie überwinden. Jesus ist für mich ein Beispiel eines modernen Arztes. Für einen Christen ist er der erste Mensch, der die göttliche Bewußtseinsebene erreicht hat, die man auch als Buddha, Sonne oder als Christusebene bezeichnen kann. Christus ist deswegen

Einleitung zu den Fallbeispielen

nicht als Personifizierung zu verstehen, sondern als eine und zwar nicht die letzte Entwicklungsstufe des Menschen.

Nehmen wir ein Symbol aus der Mitte, das schon die alten Ägypter entziffert haben: das Symbol der Sonne. Die Sonne ist unser Ziel. Wir wollen nicht mehr als Planeten in der Welt der Polaritäten bleiben, in der sich die Helligkeit mit der Dunkelheit abwechselt. In Wirklichkeit existiert Dunkelheit nicht. Was Dunkelheit ausmacht, ist Mangel an Licht. Ich kann Licht in die Dunkelheit bringen, z.B. in Form einer Kerze, die in ein dunkles Zimmer gestellt wird. Ich kann aber nicht die Dunkelheit ins Licht bringen. Deswegen ist unser Ziel das Licht. Wie die Sonne wollen wir Tag und Nacht nur Licht, also Liebe ausstrahlen. Die Sonne kennt keine Schatten, sie bestrahlt die Planeten und was reflektiert, kann ja nur das Licht sein. Die Sonne weiß zwar, daß die Planeten ihre Schattenseiten haben, aber sie bekommt sie nie zu Gesicht. Aus der Symbolik in unsere Sprache umgesetzt bedeutet es: strahlen wir Liebe aus, kommt Liebe zurück. Das ist unser Ziel. Wir sind jetzt aber erst auf dem Weg zu diesem Ziel. Es gelingt uns immer öfter, Liebe auszustrahlen und dann dürfen wir die Erfahrung machen, daß die Liebe auch zurückkommt. Auf diese Weise entdecken wir das Resonanzgesetz. Das gilt allerdings auch, wenn wir z.B. Aggression, Haß, Wut und Ärger ausstrahlen. Es kommt (oft mit Verstärkung) das Gleiche zurück. Wir brauchen diese Erfahrungen, um immer dichter an unser Ziel heranzukommen. Wenn wir es richtig verstanden haben, wissen wir, daß unsere Mitmenschen nur die Spiegelbilder unseres Lichtes sind. Das was wir ausstrahlen, sehen wir in den Reaktionen, Verhaltensweisen und Geschehnissen, die uns unsere Umwelt zeigt, bzw. zurückstrahlt. Sich heilen bedeutet zu verstehen, daß in Wirklichkeit keine Dunkelheit existiert. Andere zu heilen bedeutet, das, was wir über Licht und Dunkelheit verstanden haben, den anderen beizubringen. Können sich die anderen danach selbst heilen, bedeutet es, daß wir gute Lehrer und Motivatoren waren. Bewußt gewordene Menschen haben es jetzt verstanden: es existiert nur Licht und seine Farben. Wenn ich eine dunkelrote

Fallbeispiele

Farbe in der Aura eines Menschen sehe, erkenne ich die geballte Liebe, die mit einem Brühwürfel zu vergleichen ist. Die Brühe schmeckt sehr gut, aber in der Form des Würfels ist die Masse ziemlich ungenießbar. Ich brauche nur Wasser, um den Würfel lösen zu können. Wasser ist Gefühl. Gefühl ist das beste Lösungsmittel für Gedanken und Willensimpulse. Wenn ich aus einem Brühwürfel noch nie eine Suppe gemacht habe, und nur den Würfel probiert habe, kann ich mir nicht vorstellen, wie der Würfel in dem gelösten Zustand schmeckt. So wie ich ihn in der konzentrierten Form geschmacklich wahrnehme, ist er ungenießbar. Nehmen wir ein Beispiel: ich sehe einen Menschen mit einer Lichtenergie im ungelösten Zustand. Die Energie dieses Menschen ist dunkel. Dadurch ist er für seine Umwelt relativ „ungenießbar". Der Begleiter zur Heilung sieht in ihm schon die wunderschönen Möglichkeiten, die sich in dieser Energie verbergen. Statt zu sagen, daß sich in der dunkelroten Farbe Wut, Ärger und Haß befinden, spricht er von einem Konzentrat der Liebe. Die gelöste Liebe stellt sich in Hellrot dar.

Die Komplementärfarbe zu Rot ist Grün. Hellgrün ist eine heilende, harmonisierende, ausgleichbringende Energie der Mitte. Dunkelgrün dagegen ist ein Konzentrat der Herzchakra-Energie. Die dunkelgrüne Farbe in der Aura eines Menschen zeigt uns, daß er sich mit materiellen Einsichten, Existenzängsten, Schmerz und Unsicherheit beschäftigt. Trotzdem ist die dunkelgrüne Farbe als Basisenergie des zukünftigen Heilers denkbar. Je mehr jemand von der dunkelgrünen Farbe in seinem Leben angesammelt hat, desto mehr Möglichkeiten für die Umpolungsprozesse zur heilenden Kraft der Mitte stehen ihm zur Verfügung.

Als drittes Beispiel nehmen wir die blaue Energie. Blau ist der Himmel, das Wasser, das Gefühl. Die religiösen Gefühle, das Vertrauen in die göttliche, universelle Gerechtigkeit ist in dieser Farbenergie gespeichert. Ein Mensch, der viel dunkelblaue Energie in seiner Aura trägt, belastet sich und andere mit kritischen Auseinandersetzungen, Zweifeln, Sorgen und depressiven, kalten Stimmungen. Ein Begleiter zur Heilung sieht in dem dunkelblauen Konzentrat enorme Möglichkeiten, die diesem Menschen nach den Umpolungsprozessen ins Hellblaue zur Verfügung stehen. Nur jener Begleiter, der in jedem Dunkel schon das Wahre sieht, ist imstande, Hilfe für den Umpolungsprozess zu leisten. Der Beginn liegt immer in meiner eigenen Welt. Zuerst ist Ordnung und Liebe in mir als Farbenergie zum Strahlen zu bringen. Danach weiß ich am besten, wie dieser Weg zu beschreiben ist. Ich kann einem Menschen die Liebe nur dann schenken, wenn ich sie bereits in mir trage. Ich habe sie zuerst in mir selbst gebildet, oder sie bekommen. In beiden Fällen war ich bereit, die Liebe anzunehmen, oder sie in mir anzünden zu lassen. Erst dann kann ich wahrhaftig diese Energie ausstrahlen und die anderen damit erhellen. Wer meint, daß er sich nur aufopfern muß, geht mit sich selbst nicht liebevoll um. Was er ausstrahlt, kann auch nicht Liebe sein. Liebe ist Freiheit. Erst wenn ich selber frei von Ängsten, Blockaden, Selbstkritik, Zweifel usw. bin, kann ich die Freiheit der Liebe ausstrahlen. Ich liebe, respektiere und akzeptiere die Gesetze meiner eigenen Welt. Deswegen respektiere ich analog die Gesetze der Welten der anderen Menschen. Wenn ich mir so meine Umwelt und deren Menschen ansehe, sehe ich nur die Möglichkeiten der verschiedenen Formen und Farben der Liebe darin. Ich sehe keine Schatten mehr.

Beschreibung von Fällen

Ehepaar Eva und Alfred A.

Alfred ist ein junger selbstständiger Unternehmer, dem am Anfang seiner Karriere nicht alles gelungen ist. Er hat noch große Schulden. Seine junge, liebe, gutaussehende Frau ist Slowakin. Sie ist schuldenfrei und hat ihre Ersparnisse teilweise in das

Fallbeispiele

Unternehmen ihres Mannes gesteckt. Eva ist klug, selbstbewußt und behauptet ihren Mann zu lieben. Alfred meint, ohne seine Frau nicht leben zu können. Beide sehen äußerlich glücklich und zufrieden aus. Betrachtet man deren Aurabilder, sieht die Situation anders aus. Auf den Fotos zeigen sich frühzeitig Tendenzen, die später eintreten können. In diesem Fall war es weniger bei Alfred, als bei Eva zu erkennen. Sie hatte auf der linken Körperseite die weibliche Energie angespannt, also die weibliche Seite ihrer Persönlichkeit nicht gelebt. Für einen Bewußtseinserweiterer ist das ein Signal, daß sie nicht sich selbst lebt, sondern die Erwartungen ihrer Umwelt. Das führt langfristig immer zu Unzufriedenheit, Depressionen und Lustlosigkeit. Ich fragte sie nach Kindern und bekam die Antwort: mit Alfred kann ich mir nicht vorstellen, Kinder zu haben. Alfred erzählte daraufhin, daß seine Frau davon träumt, in die Slowakei zurückzukehren. Eva behauptete, er könne nicht für die Familie sorgen. Wenn sie nicht arbeiten würde, könnte sie sich nicht vorstellen, daß er finanziell für die Familie aufkommen könnte. Auf ihrem Aurabild an der rechten Körperseite oberhalb des Kopfes in der Zukunftsebene sah man dunkelgrüne und dunkelblaue Farben. Also Zweifel und Existenzängste, die in die Zukunft projiziert werden. Unbewußt machte sie Alfred dafür verantwortlich. Sie konnte das noch nicht aussprechen, obwohl sie sich in ihrem tiefsten Inneren schon eine Familie mit Kindern wünscht. In der jetzigen Situation war es aber für sie unverantwortlich und undenkbar. Spannung lag bereits in der Luft. Bei Alfred sah man auch ganz deutlich die Existenzangst und die Angst, Eva zu verlieren. Man kann sich leicht vorstellen, wie die Situation weiter verlaufen würde ohne professionelle Beratung. Wenn der Mensch unbewußt handelt, reagiert er nach den Naturgesetzen, die man in der Pflanzen- und Tierwelt sieht. In Evas Augen ist Alfred zwar liebevoll, aber ein Schwächling. Wenn sie jetzt in dieser Phase die Gelegenheit hätte, einen in ihren Augen stärkeren Mann kennenzulernen, würde sie sich verhalten wie ein Reh, das dem stärkeren Hirsch nachfolgt. Dieses Gesetz der Natur bedeutet für die unbewußten Tiere: nur der Stärkere überlebt, der Schwächere stirbt. So kommt es unter den Pflanzen und Tieren zu einer natürlichen Auslese, die die Entwicklung und Anpassungsfähigkeit an die neuen Gegebenheiten der Umwelt gewährleistet. Unter den Menschen existiert das gleiche Gesetz, aber nur solange sie sich ihres göttlichen Ursprungs, ihrer Einmaligkeit und unermeßlichen Größe nicht bewußt sind. Eva hat etwas anderes von Alfred erwartet, als er ihr bieten konnte. Sie und er sind beide auf der gleichen Entwicklungsstufe, beide noch schwach. Beide wollen groß und stark sein, wissen aber nicht, daß sie bereits groß und stark sind. Der Unterschied zwischen dem starken und dem schwachen Menschen liegt nur im Bewußtsein. Der erste weiß schon von seinem Ursprung, der zweite noch nicht. Alfred meint, er kann seine Lebensaufgabe nur mit Hilfe von Eva bewältigen und klammert an ihr. Er kann sich ein Leben ohne Eva nicht vorstellen, weil er zuwenig Vertrauen in sich hat und seine einmaligen Stärken noch nicht entdeckte. Er fühlt sich nur wirklich stark mit Eva zusammen. Seine Projizierungen nimmt Eva wahr, fühlt sich eingeengt und unfrei wie eine Gefangene. Sie würde ihren Mann mit Sicherheit verlassen und sich dadurch aus seiner Umklammerung lösen. Ihre Begründung wäre: ich habe das Vertrauen in ihn verloren und ich hätte immer Existenzängste mit ihm erleiden müssen. Alfred würde dann durch die Schmerzen gehen und im Feuer der Verbrennung von Grenzen und Barrieren sich selber finden. Das übliche Muster der Entwicklung zum höheren Bewußtsein ist Trennung, Schmerz, Aggressionsausbruch, Komplexbildung, Leid und Angst. Das finden wir heutzutage überall auf dieser Bewußtseinsebene. Es geht aber auch anders. Die Lösung ist: die Bewußtwerdung unseres göttlichen Ursprungs. Wir sind bereits vor Gott alle gleich. Dort wo Raum und Zeit keinen Platz hat, ist schon alles Realität, was erdacht und erfühlt wurde. Man soll in diesem und anderen Fällen nie von Schuld sprechen, weil tatsächlich keiner der Beteiligten an der jetzigen Situation „schuld" ist. Sie sind auf einer Bewußtseinsebene, auf der sie nur so handeln können, wie sie dazu,

Fallbeispiele

aus ihren Erfahrungen heraus, in der Lage sind. Sie haben noch keinen Überblick über das, was sich bereits im energetischen Prozeß befindet. Sie würden sich unbewußt in die übliche Scheidungsmühle werfen mit allen dazugehörigen Vorwürfen, emotionalen Ausbrüchen, Schuldzuweisungen usw., nur um später zu begreifen, daß das alles nicht wahr ist. Irgendwann werden sie sagen können: hätte ich es gewußt, ich hätte damals anders gehandelt. In diesem Moment werden sie sich selbst beweisen, daß sie aus der Vergangenheit etwas gelernt haben und daß ohne diese Erlebnisse die jetzige Aussage nicht möglich wäre. Also mußte es erlebt werden. Wenn Eva das versteht, kann sie Alfred Hilfe zur Selbsthilfe leisten, indem sie ihm seine eigenen Möglichkeiten klar macht. Sie wird sich nur daran erinnern müssen, was es am Anfang ihrer Beziehung war, das sie so an Alfred faszinierte. Es waren Eigenschaften, die er schon in sich entdeckte und Eva meinte, sie nicht zu haben. Umgekehrt natürlich auch. Das was Alfred an Eva lernen kann, stärkt und bereichert ihn. Aber auch umgekehrt. Eva kann die Eigenschaften in ihr ausbauen, die sie am Anfang ihrer Beziehung mit Alfred so stark faszinierten. In dem Moment, in dem sie das begreifen, gehen sie aus einer passiven „Stillstandsspannung" in eine neue Entwicklungsphase. Diese Phasen können sie noch mehrmals im Leben zusammen mit Freude durchmachen und brauchen sich nicht zu trennen. Die Voraussetzung ist die Achtung und der Respekt vor sich selbst. Ich formuliere den letzten Satz absichtlich so, weil nur derjenige, der vor seiner eigenen Größe Respekt gewonnen hat, dazu fähig ist, andere Menschen wirklich zu achten und respektieren. Jeder von uns ist wunderschön in seiner Einmaligkeit. Wir können voneinander soviel lernen, daß ein Leben garantiert nicht ausreicht. Wenn Alfred und Eva diesen Richtlinien folgen, steht Ihnen ein angstfreies und glückliches Leben bevor.

Frau Dr. med. Gisela Slavin aus Wessling
(Siehe auch Seite 124)

Gisela ist eine bekannte Ärztin, die sich neben den schulmedizinischen den alternativen, ganzheitlichen Heilmethoden verschrieben hat. Sie verbucht große Anerkennung auf verschiedenen Ärztekongressen und natürlich vor allem unter ihren Patienten. Das erste Aurabild, das ich von ihr gemacht habe, deutet auf eine starke Persönlichkeit hin. Die linke Körperseite zeigt eine große intellektuelle Selbstbeherrschung, vermischt mit Unzufriedenheit und Ärgernissen, die aus ihrer unmittelbaren Nähe kommen. Die grüne Energie oberhalb des Kopfes zeigt uns die heilenden Fähigkeiten dieser Ärztin. Das helle und klare Rot in der Aura verrät uns die enorme Vitalität und Liebesfähigkeit der Inhaberin. Wenn wir uns die Bewußtseinsebene anschauen, sehen wir deutlich einen grünen Punkt, der auf bewußte Veränderung in der Zukunft hinweist. Gisela traute sich aber bis jetzt noch nicht, den linken Fuß vor den rechten zu setzen und die Konsequenzen dieses Schrittes zu übernehmen. Es läßt sich leicht vermuten, daß die grüne Farbe aufgrund der krankmachenden Energien entstand, die von außen auf diese Ärztin zukamen. Die gleichen Energien führen zu starken Belastungen im Kopf- und Nackenbereich, sowie in der Lendenwirbelsäule, was im Klartext bedeutet, daß die Aufrichtigkeit sich selbst gegenüber einer Verbesserung bedarf. Das Herzchakra ist zwar grün, aber die Farbe ist konzentriert, d.h. die Energie fließt nicht richtig und kann langfristig zu Kreislaufstörungen führen. Die rechte Körperseite ist violett, eine Mischung zwischen Rot und Blau, also Liebe und Gerechtigkeit, die in diesem Fall zur Weisheit wurde. Dadurch, daß dieses Violett auf der rechten, männlichen, handelnden Seite zu sehen ist, kommt es den Patienten zugute. Mit dieser Energie kann die Ärztin gut nach außen wirken. Resümierend ist es die Aura einer Workaholikerin, die überdimensional aktiv in ihrer Arbeit ist. Es ist bei ihr ähnlich wie bei vielen meiner Klienten, denen es darum geht, den eigenen Problemen, die sich ständig

Fallbeispiele

energetisch verdichten, auszuweichen. Diese taktischen Manöver können nur zeitweise funktionieren. Irgendwann meldet sich der Körper mit seiner Signalsymbolik. Meine Diagnose war natürlich für Gisela klar. Innerhalb eines Jahres hat sie sich systematisch bewußt die Frage gestellt: Was will ich wirklich? Sie bekam immer mehr helle Kräfte und Ihre Aura wurde feiner. Das Endprodukt kann sich sehen lassen. Ich habe das zweite Bild nach ihrer 12stündigen harten Arbeit gemacht. Wir sehen hier die Aura eines „Fast-Engels". Die Farbe Magenta oberhalb des Kopfes ist so klar, daß man von einer wirklich bedingungslosen Liebe sprechen kann. Die hellblaue Farbe deutet auf eine hohe Religiosität und Vertrauen in die universelle Ordnung hin. Das Kommunikationszentrum ist hellgrün, also alleine schon verbal kann diese Frau auf ihre Patienten harmonisierend und heilend wirken. Die rechte Körperseite ist auch heller als auf dem ersten Bild und dadurch bei Bedarf leichter in Fluß zu bringen, als wenn sie dunkler wäre. Das bedeutet: die Bedingungslosigkeit der Liebe und die Weisheit in Verbindung mit der hellgrünen Farbe im seelischen- und der fast weißen Farbe im geistigen Kommunikationszentrum ergibt einen Kanal, durch den die Weisheitsenergie direkt von der geistigen Welt zu den Patienten fließen kann. Die linke Körperseite ist verbesserungsfähig. Sie ist entspannter, aber als weibliche Seite ist sie immer noch mit Kontrolling bestückt. Die belastenden Einflüsse von ihrer Umwelt sind nicht so stark und gravierend wie auf dem ersten Bild, aber immer noch vorhanden. Auf der linken Körperseite oberhalb des Kopfes ist die Farbe fast weiß und setzt sich zusammen aus Magenta und Gelb, was auf eine sehr gute Intuition deutet. Die Achse: Geistige Welt - seelisches Kommunikationszentrum - rechte Körperseite, ist eine wunderschöne Verbindung zu der lichtvollen göttlichen Impulsenergie. Wenn Gisela dieses Bild ihrer Aura aufrechterhalten kann, wird sie ihre Lebensaufgabe im Einklang mit sich selbst auf eine sehr wirkungsvolle Weise realisieren. Die weibliche Seite braucht noch Verbesserung und muß unbedingt in Ordnung gebracht werden. Auf der Bewußtseinsebene erkennt

man deutlich, was sie auf der linken Körperseite verstärken will: die „weltliche Liebe" und die Distanzierung von äußeren, krankmachenden Energien. Wenn sie es nicht tut, muß mit Konsequenzen gerechnet werden.
Und zwar so:

- die Verdichtung der blauen Energie, die sich jetzt im dritten Auge zu hellsichtigen Fähigkeiten ausbildet, kann später zur Selbstkritik werden.
- das Herz kann Kreislaufprobleme mit sich bringen.
- die organisatorische Fähigkeit kann zu einer Selbstbeherrschungskraft werden.

Andere Gefahren sehe ich hier nicht. Gisela hat soviel Power, daß sie eigentlich jeden eigenen Wunsch ganz leicht realisieren könnte. Sie ist ein wertvoller Begleiter zur Heilung für ihre Patienten und als „Lehrerin", bzw. Vorbild der Schulmedizinkollegen.

Herr Karel M. aus Dortmund „Krebs"

Vor einem Jahr kam Karel zusammen mit seiner Ehefrau, auf Empfehlung seines ganzheitlich denkenden Hausarztes, zum ersten Mal zu mir. Karel klagte über Depressionen und Schwierigkeiten mit seiner Frau und seinen Kindern. Die Tochter war schon erwachsen, der Sohn steckte noch in der Pubertät und fügte durch seine Umbruchstimmungen den Eltern viel Leid zu. Die Eltern, vor allem aber Karel, waren sich der Prozesse nicht bewußt, in denen der Sohn steckte. Sie waren nicht fähig, sich selbst und dem Sohn zu helfen. Die Ehepartner überlegten weiter, ob sie sich nicht trennen sollten. Die Trennungsängste verschlimmerten noch die ganze Situation. Nach den zwei Tagen bei mir in Garmisch erreichten sie eine gewisse Klarheit, wurden sich ihrer Aufgabe bewußt und entschieden sich für das Leben miteinander. Nach einem halben Jahr, als das Problem Trennen oder nicht Trennen vom Tisch war, kam Karel

Fallbeispiele

noch einmal nach Garmisch, diesmal mit seinem Sohn. Ich durfte erfahren, wie angespannt die Stimmung zwischen Vater und Sohn war. Obwohl beide sich liebten, konnten sie miteinander nicht kommunizieren. Der Vater verspannte sich energetisch so stark, daß oberhalb der Bewußtseinsebene die Farbe Rot sich so verdichtete, daß sie schwarz wurde. Über solchen Energien verliert der Mensch die Kontrolle. Es äußert sich auf der körperlichen Ebene als bestimmter „besonderer Gesundheitszustand", den man gewöhnlich Krebs nennt. Der Körper reagiert immer mit Verspätung auf solche „Attentate" des Inhabers. Krebs entsteht nicht zuerst auf der körperlichen Ebene, sondern auf der energetischen. Bevor mit der Heilung begonnen wird, sollte Klarheit darüber herrschen, wie dieser „besondere Gesundheitszustand" entsteht. Der „Verlust" des geliebten Sohnes äußert sich beim Vater an der energetischen Verdichtung im Bereich der Sexualorgane. Wenn ich die Beziehung zwischen dem Vater und Sohn wiederherstelle und „gesundmache", habe ich gleichzeitig logischerweise auf die Verdichtung im körperlichen Bereich Einfluß genommen. Der physische Körper funktioniert durch Milliarden von Kommunikationsprozessen pro Sekunde, die nur mit Lichtgeschwindigkeit zu bewältigen sind. Basis und Voraussetzung dafür ist Licht. Wir sind also tatsächlich Lichtwesen! Das lehrt uns jede Religion seit Tausenden von Jahren. Erst jetzt können wir es mit den heutigen Meßgeräten und unserem Wissen beweisen (siehe auch Marco Bischof, Titel: Biophotonen. Das Licht in unseren Zellen und die Werke von Prof. A. Popp). Ordnung im Körper ist nur dort möglich, wo Licht ist. Je besser ich „durchleuchtet" bin, desto leichter können die Prozesse stattfinden. Kommt es zu einer lichtenergetischen Verdichtung, sind die Prozesse erschwert. Ist die Energie so dicht, schwarz, weist also kein Licht auf, kann organisatorisch in diesem Bereich nichts fließen. Wir spüren diesen Zustand als Blockade und sagen oft: Ich fühle mich wie blockiert. Im Körperlichen sieht es so aus, daß sich Zellen aus dem Bereich, in dem totale Finsternis (energetisch gesehen) herrscht, verselbständigen und zu degenerierten, sogenannten Krebszellen werden. Denkt ein Arzt bei der Behandlung nicht an die „Programme" im Lichtenergetischen, sondern ausschließlich ans operative Ausschneiden, Chemotherapie und Bestrahlungen, werden im energetischen Bereich mit großer Wahrscheinlichkeit die Verdunkelungsprozesse fortschreiten. Folglich bekommt der Patient ständig neue sog. Metastasen in Bereichen des Körpers, in denen auf der realen Ebene totale Dunkelheit herrscht. Um Krebs erfolgreich zu behandeln, wäre es erforderlich, diese Weisheit über die Assoziationen zwischen den geschwächten Organen, in denen Krebs entsteht und den seelischen Problemen des Betroffenen, unter den Medizinern zu verbreiten. Um es noch klarer und einfacher auszudrücken, brauche ich als Arzt, der z.B. bei einem Patienten Nierenkrebs diagnostizierte, da Nieren für Beziehung stehen, mir zuerst dessen Beziehungsprobleme anzuschauen. Erst dann ist über die individuelle Therapieform zu entscheiden. Das ist der Hauptunterschied zwischen dem zukünftig ganzheitlich denkenden Mediziner und dem bisherigen Arzt. Die Erfolgsquote bei der Behandlung der Krebspatienten wird dann für sich selbst sprechen. Da ich Karel vor einem halben Jahr ein Aurafoto gemacht hatte, wußte ich, daß er noch genug Zeit hat, um die schwarze Energie wieder in Fluß zu bringen. Wir haben uns lange genug darüber unterhalten. Karel hat meine Aussagen auf Band aufgenommen. Damals war ich selbst noch nicht so weit, als daß ich ihm hätte sagen können, was für eine Krebsart ihn erwartet, wenn er meinen Empfehlungen nicht folge. Ich habe ihn nur behutsam darauf aufmerksam gemacht, was kommen könnte.

Als er nach Hause kam, ist er nicht zu seinem Hausarzt, sondern zu einem Onkologen, einem Schulmediziner gegangen, der ihn untersuchte und feststellte: Karel ist kerngesund. Karel erzählte ihm von mir. Der Arzt konnte nicht anders reagieren, als die Aurafotografie ein nicht schulmedizinisch anerkanntes Meßgerät zu nennen und alles was meine Aussage betrifft, als Humbug abzustempeln. Daraufhin folgte Karel meinen Empfehlungen nicht. Ein halbes Jahr später rief mich seine Frau an und fragte, ob ich bereit wäre, nach Hamburg zu kommen, wo Karel sich von einem bekannten Medizinprofessor seinen Prostatakrebs operieren ließ. Bei ihm wurden schon überall im Körper Metastasen festgestellt. Die Frage an mich war, ob ich dort noch eine Chance sehen würde? Ich bin daraufhin anschließend für eine Woche nach Hamburg gefahren und habe mit Karel gearbeitet. Er hat wieder alles auf Band aufgezeichnet. Nach dieser Woche war die schwarze Energie zwar nicht ganz verschwunden, aber seine Aura hatte sich wesentlich erhellt. Seine Krebswerte haben sich in dieser kurzen Zeit um 50 % verbessert. Karel hat bewußtseinsmäßig einen riesigen Entwicklungssprung durchgemacht. In diesem Fall ist es unwesentlich, auf welche Art und Weise ein Mensch die Bühne des Lebens verläßt. Es ist wichtig, daß er sein Ziel betreffend seiner Bewußtseinsentwicklung auf der Erde erreicht und daraus resultierende Erfahrungen mit „nach Hause" nimmt. Karel hat sehr gute Chancen, diesen „besonderen Gesundheitszustand" hinter sich zu lassen. Es geht ihm gut.

Frau Roswitha N. aus München „Migräne"

Sollte ich aufgrund gesetzlicher Bestimmungen dazu gezwungen werden, mich nicht mehr Bewußtseinserweiterungsbegleiter nennen zu dürfen, würde ich mich für die Bezeichnung Pädagoge entscheiden. In keinem Fall käme Arzt, Heilpraktiker oder Heiler in Frage. Ich kann nicht heilen, weil ich nicht an Krankheiten glaube. Für mich existiert nur Gesundheit und wenn jemand zu mir kommt, der über einen „besonderen Gesundheitszustand" klagt, begleite ich ihn zur Heilung. Mein Vorbild ist Jesus. Er würde sich heutzutage wahrscheinlich Motivator nennen. Er war überzeugt, daß der Glaube des Menschen dessen stärkste Kraft ist. Alleine die Kraft des Glaubens bringe alles wieder in Ordnung, was organisatorisch im Körper falsch gelaufen ist. Ich ersetze den Begriff Glaube durch die Formulierung Vertrauen in die unbegrenzten eigenen Möglichkeiten, anders ausgedrückt: den inneren Arzt zu wecken. Roswitha war einer der spektakulärsten Fälle, die ich in meiner Karriere erleben durfte. Sie kam nach einem Vortrag, den ich in München gehalten habe zu mir und sah mich als die letzte Chance, ihr Leiden zu beenden. Sie klagte über starke Migräneausbrüche, die nicht auszuhalten seien. Ihr Leidensweg bei verschiedenen Ärzten und Heilpraktikern in ganz Deutschland dauerte etliche Jahre. Als sie zu mir kam, hatte sie aus lauter Verzweiflung über die Mißerfolge schon einen Selbstmordversuch hinter sich. Ihre Aura sah typisch für diesen chronischen „besonderen Gesundheitszustand" aus: Die linke Körperseite war abwechselnd Rot mit Gelb, verspannt, dunkel. Ihr Herzchakra war zu. Die männliche, violett gefärbte Seite wurde auch nicht gelebt, weil die Spannung oberhalb dieses Bereiches so groß und blockierend war, daß die Energie nicht richtig fließen konnte. Der „geistige Blinddarm", wie ich diese Stelle oberhalb der Bewußtseinsebene nenne, war voll von versteckten Agressionen, einer speziellen dunkelroten Farbnuance. Die Energie war dort so dicht, daß sie nicht weiter nach unten abfließen konnte, sondern sich als dunkelgraue Streifen bis zur Stirn hinzog. Auf dem Kopf saß eine dunkelblaue „Kappe" aus Zweifel und Selbstkritik, welche die Belastung noch verstärkte. Ihr Körper als Spiegelbild des realen, lichtenergetischen Menschen konnte nicht anders reagieren, als mit unerträglich starken Kopfschmerzen. Keine medikamentöse Behandlung konnte in dem Fall Erfolg bringen. Am Beginn dieser Beschwerden sind die Symptome mit pharmakologischen Mitteln leicht zu beheben, weil die Verspannungen im energetischen Bereich noch gering sind. Die Behandlung von Symptomen ist keine Lösung, weil die Verdichtungsprozesse aus anderen Gründen im Patienten zunehmen. Roswitha's Beispiel verdeutlicht diese Erfahrung. Wie kommt man aber an die Ursache der Krankheit? Zusammenhänge zu sehen, wäre die Antwort. Wir sehen, daß Roswitha ihre Weiblichkeit nicht lebt. In diese eingesperrte Energie will ich hinein und frage sie nach ihrer Beziehung zum Partner. Sie sagt, sie brauche keinen Partner, kei-

Fallbeispiele

ne Sexualität, sie lebe glücklich mit ihrer Tochter zusammen, arbeite gerne und die Erfahrung mit einem Mann von dem sie sich getrennt hat, reiche ihr völlig aus. Die typische Ausrede einer Frau, die keine Lust auf Sexualität hat und über Kopfschmerzen klagt, trifft in diesem Fall zu. Die innere Blockade vor dem Sexualleben führt zu Verdichtung der roten Energie, und als versteckte Aggressivität, letztendlich zu Kopfschmerzen. Roswitha erkennt die Ursache nicht, weil sie sich ihrer Aggressivitäten selbst nicht bewußt ist. Deshalb kann sie zu keiner Lösung finden. Die Art, wie ihr Mann mit ihr umgegangen ist, hat ihr nicht gefallen. Sie hat ihre Waffe sexueller Entzug eingesetzt. Dabei beraubte sie sich selbst der zärtlichen Erfahrungen, die eine harmonische Partnerschaft bietet. Die Konsequenz war leicht vorhersehbar, die Spannung zwischen Roswitha und ihrem Mann wuchs, bis sie in Trennung endete. Für mich war dieser Fall klar: Ich strebte während der zweitätigen Beratung an, Roswitha dabei zu helfen, sich ihrer sexuellen Wünsche bewußt zu werden, sie zu artikulieren und zusammen mit einem Mann, den sie akzeptiert, lieb und attraktiv findet, zu verwirklichen. Die Unzufriedenheit im sexuellen Bereich greift oft noch viel tiefer. Sie ist eine Folge von unausgesprochenen Enttäuschungen im täglichen Zusammenleben. Es sind die Gewohnheiten des Partners, die mich stören: bestimmte Charakterzüge, die Art wie er mit seiner Arbeit fertig wird, die Verteilung von Pflichten, die finanzielle Sicherheit, die Zärtlichkeit, die nicht so gezeigt wird wie die eigene Vorstellung es gerne hätte usw. Am Anfang einer Freundschaft wird das alles übermalt mit hellrosaroten Farbtönen der Verliebtheit. Später, wenn die ersten Probleme auftauchen, erfordert es Mut und Zeit, sie anzusprechen und zur Lösung zu bringen in einer Phase, in der es noch leicht möglich ist. Wenn man das aus Zeit- oder Couragegründen unterläßt, verlagern sich die Prozesse ins Unbewußte und arten in versteckte Machtspielereien aus. Die Frauen werden zickig, die Männer ziehen sich in ihre eigene Welt zurück oder zeigen ihre Agressivität auf eine andere, direktere Art und Weise als die Frauen. Es sind immer die gleichen Energien von beiden Seiten, die zu Konfliktsituationen führen, die dann in „besondere Gesundheitszustände" ausarten.

Es gelang mir, Roswitha die Zusammenhänge in ihrem Leben so zu erklären, darzustellen und mit ihr die Prozesse Schritt für Schritt durchzugehen, so daß die Verspannungen in ihrer Aura nach den zwei Tagen verschwunden waren. Roswitha hatte folglich keine Kopfschmerzen mehr. Sie fuhr nach Hause und gab mir kein Feedback, was die meisten meiner Klienten doch tun. Ich hatte sie fast vergessen, als sie sich nach einigen Monaten mit euphorischen Aussagen meldete. Sie hatte kein einziges Mal mehr Kopfschmerzen, seit sie bei mir war, wartete aber geduldig auf die ersten Rückfälle und als sie nicht eintrafen, glaubte sie endlich, daß sie sich selbst geheilt hat. Der anhaltend beschwerdefreie Zustand veranlaßte sie, in München einen Vortrag über Aura-Foto-Diagnose zu organisieren, den ich vor kurzem mit Freude gehalten habe.

Frau Heike Hagen aus Hamburg „Allergien"
(Siehe auch Seiten 122 und 123)

Aus Heike's Sicht ist ihr Besuch bei mir in Garmisch erfolgreich verlaufen. Darüber schreibt sie selbst einen sehr ausführlichen Bericht, den wir ungekürzt in unser Buch aufnehmen dürfen. Ihr sei an dieser Stelle dafür herzlich gedankt. Deswegen beschränke ich mich in meiner Interpretation der Aurabilder auf die Aussagen, die in ihrem Bericht fehlen.

Als ich das erste Bild von ihr sah, erkannte ich eine große, starke Persönlichkeit mit organisatorischen, heilenden und gerechtigkeitsorientierten Fähigkeiten. Auf der Bewußtseinsebene war es aber so dunkel, daß sie sich ihrer eigenen Fähigkeiten nicht klar werden konnte. Das Herzchakra war total verspannt, außer Grauschwarz war keine Farbe zu erkennen. Ich fragte sie nach Herz-Kreislauf-Problemen, die sie bejahte. Die rechte Körperseite, mit der sie nach außen wirkt, ist dunkelblau. Darin programmierte sie die kritische Auseinandersetzung mit ihrer Umwelt ein. Ich scherzte: Das wäre die typische Aura einer Staatsanwältin. Sie lachte und bejahte meine Vermutung, als sie sagte, sie arbeite in der Staatsanwaltschaft. Wir machten noch verschiedene Tests, bevor wir uns mit den Umpolungsarbeiten beschäftigten. Für mich waren nicht die Allergien und Ängste in erster Linie wichtig, sondern das Herz. Die „Herzenergie" mußte in Bewegung gesetzt werden, sonst würde Heike demnächst mit „herzhaften", ernsten Kreislaufproblemen zu tun haben. Den Ablauf der zwei Tage hat Heike in ihrem Bericht sehr ausführlich dargestellt. Vielleicht sollte ich jetzt nur das Resultat, also das zweite Bild beschreiben. Fangen wir bei der linken Körperseite an. Die orange Farbe ist eindeutig heller geworden. Heike hat einen Teil ihrer selbstbeherrschenden Energien gelockert. Im Bereich der Kommunikationsebene mit der geistigen Welt hat sie ein Tor aufgemacht. In der grünen Farbe sieht man hier einen Hellblau-Indigo Schlitz, der die Verbindung mit der seelischen Kommunikationsebene im Zentrum um den Mund herum gewährleistet. Die Verbindung zwischen den beiden Zentren ist somit gewährleistet. Diese Stelle ist, wenn man die zwei Bilder betrachtet, die innerhalb von zwei Tagen gemacht worden sind, viel transparenter und heller geworden. Heike kann jetzt auf einer anderen, helleren Ebene kommunizieren. Auch die rechte Körperseite hat sich verändert. Die kalte Farbe Blau hat eine Beimischung von Vitalität in Form hellroter Energie, die gemischt die Farbe Violett ausmacht. Heike hat ab jetzt die Möglichkeit, ganz anders auf ihre Umwelt zu wirken. Es ist nämlich die gleiche Macht, die wir auch im seelischen Kommunikationszentrum sehen, die die Energie der Weisheit speichert. Es ist eine bestimmte Violettnuance. Um den Kopf herum verschwand die schwarzenergetische Verspannung und wurde durch eine leuchtende, apfelgrüne, heilende Energie ersetzt. Das schwarze Konzentrat in der Willensebene bekam wieder Farbe und wird sich mit der Zeit in Vertrauen umwandeln. Dort ist jetzt schon ansatzweise ein Hellblau zu erkennen. Am meisten habe ich mich gefreut, als ich die Herzchakra-Energie gesehen habe. Heikes energetischer Kreislauf ist wieder in Ordnung. Die Herzbeschwerden, die sie bereits hatte, sind weg. Die Energie in ihrer großen Aura ist wieder in Fluß. Die Chakren (Energiezentren), die Meridiane (Energiebahnen) und die Aura (Energiekörper), also das was den wahren, realen, ewigen, energetischen Menschen ausmacht, sind bei Heike wieder in Harmonie.

Fallbeispiele

Heike Hagen, Gutenbergstr. 23, 22525 Hamburg

Herrn
Adam Mazur c/o Rosemarie Pade
Rosenweg 20

61118 Bad Vilbel

Hamburg, 19.10.1997

Lieber Adam,

hier mein Erfahrungsbericht für Dein Buch:

Durch mein gesamtes bisheriges Leben ziehen sich wie ein roter Faden die Themen Krankheit und Angst. Seit meiner Geburt leide ich unter vielen verschiedenen Allergien (Nahrungsmittel-, Tierhaar-, Hausstaub-, Sonnen- und Kälteallergie) und Ängsten (Höhenangst, Angst vor Wasser, Angst vor Enge, Angst vor Kontrollverlust). Krankheit und Angst waren aber auch die treibenden Kräfte, die mich aufbrechen ließen, die tieferen Ursachen meiner Leiden und Möglichkeiten der Heilung jenseits der Schulmedizin zu suchen. Auf meinem Weg habe ich nach und nach erfahren, daß Gesundung an Körper und Seele nicht vorrangig durch Hilfe von Außen, sondern nur durch Veränderung in meinem Inneren erfolgen kann. Aber der Weg ins eigene Innere ist schwer zu finden, und so brauchte und fand ich stets zur rechten Zeit den richtigen Begleiter für meinen nächsten Schritt.

Vor einigen Monaten lernte ich Adam Mazur während eines Aura-Tages in Hamburg kennen. Er machte von den einzelnen Teilnehmern Fotos mit seiner speziellen Aurakamera und deutete sie anschließend. Was er aufgrund meiner Fotos sagte, war so überzeugend und traf so genau meine gegenwärtige Problematik, daß ich mich spontan entschloß, sein Angebot anzunehmen, zwei Tage lang intensiv mit mir zu arbeiten. So fuhr ich also ein paar Wochen später nach Garmisch-Partenkirchen, ohne zu ahnen, worauf ich mich einließ. Auf dem Weg vom Bahnhof zu meiner Pension kamen wir an einem Wellenbad vorbei. Adam erwähnte, daß man dort gut schwimmen könnte und ich antwortete, daß ich nicht schwimmen könne, da ich panische Angst vor dem Wasser habe, ja nicht einmal das Wasser in einer Badewanne um mich herum ertrage. Damit stand das Programm für die nächsten zwei Tage fest: Schwimmen lernen! Hätte ich das vorher geahnt, wäre ich möglicherweise gar nicht erst in den Zug nach Garmisch-Partenkirchen eingestiegen. Aber nun gut. Ich wußte irgendwie, daß dies genau mein nächster Schritt ist und ließ mich, wenn auch mit sehr gemischten Gefühlen, darauf ein. Beim Kauf eines Badeanzuges beschlich mich dann auch deutliche Panik und die Atmosphäre, die feuchte Wärme und der Geruch in der Schwimmhalle trugen auch nicht gerade zu einer Verbesserung meines Wohlbefindens bei. Ich dachte ernsthaft daran, das Experiment abzubrechen. Doch es kam alles ganz anders als erwartet.

Wir gingen zunächst in ein angenehm warmes Becken, in dem das Wasser nur bis zur Hüfte reichte. An den Seiten konnte man sitzen und sich den Rücken durch einen Wasserstrahl massieren lassen. Adam fing sehr langsam und geduldig an, mir durch ganz einfache Übungen die Erfahrung zu vermitteln, daß Wasser ein sehr angenehmes Element ist. Die Übungen waren so aufgebaut, daß ich das Wasser immer näher an mich heranlassen konnte. Adam machte mir die Übungen stets genau vor und erklärte, warum und wie sie funktionierten. So verlor das Wasser seinen Schrecken, denn ich lernte sein „wahres Wesen" kennen. Mir wurde bewußt, daß Dinge mich nur deshalb ängstigen, weil ich sie nicht genau kenne und verstehe, ja mich nicht einmal traue, sie genau anzusehen. Dieses jetzt zum ersten Mal zu tun, mich nämlich ohne Druck und auf angenehme Weise dem zu nähern, was mir mein Leben lang Angst gemacht hatte, gab mir ungeheures Selbstvertrauen. Je länger ich mich im Wasser aufhielt, desto mehr spürte ich, wie sich meine Grenzen in ihm auflösten, und zwar auf körperlicher und auf seelischer Ebene. Meine Haut wurde aufgeweicht,

Fallbeispiele

die Bewegungen wurden weicher und fließender, ich war vom Wasser nicht mehr abgegrenzt, sondern wurde ein Teil von ihm. Und gleichzeitig lösten sich auch meine inneren Grenzen auf. Indem ich mich immer sicherer fühlte, wurde mir auch die gesamte Umgebung immer angenehmer und ich sah sie mit ganz neuen Augen. Und jedesmal, wenn ich wieder eine etwas schwerere Übung geschafft hatte, durchströmte mich ein unbeschreibliches Glücksgefühl. Irgendwann konnte ich ohne jeden Widerstand und fast ohne es zu merken ganz selbstverständlich mit dem Kopf untertauchen, und zwar ohne die befürchtete große Panik. Ich spürte, daß mich das Wasser sanft umschließt und nicht etwa zerdrückt, und daß ich mich ihm wirklich anvertrauen kann. Diese Erfahrung war etwas ganz besonderes für mich, denn jemanden oder etwas zu vertrauen, fiel mir in meinem Leben immer besonders schwer. Und nach ein paar Stunden in diesem wohlig warmen Becken konnte ich mich auf dem Rücken liegend auf dem Wasser treiben lassen mit einem Gefühl, als ob eine zentnerschwere Last von mir genommen war. Dieser Moment war so überwältigend, daß er mir, wann immer ich mich an ihn erinnern werde, tiefes Selbstvertrauen und Mut geben wird.

Ging es zunächst nur darum, Kontakt zu dem Element Wasser zu bekommen, das, wie ich gelernt habe, die Gefühle repräsentiert, brachte Adam mir dann nach und nach die richtigen Bewegungsabläufe beim Kraulen, Brust- und Rückenschwimmen, sowie die richtige Atmung bei. Und wieder waren die Übungen so aufeinander abgestimmt, daß es immer ganz leicht und angenehm war. Durch die Bewegungen bekam ich wieder Kontakt zu meinem Körper, den ich so lange abgelehnt und vernachlässigt hatte. Er tat wirklich das, was ich wollte, und mir wurde bewußt, daß nicht mein Körper mich regiert und ich von ihm abhängig bin, sondern daß es genau umgekehrt ist. Diese Erkenntnis war für mich, die ich mein ganzes Leben unter körperlichen Beschwerden gelitten hatte, sehr befreiend. Was ich stets geahnt hatte, bewahrheitete sich. Es geht offensichtlich nicht darum, den Körper zu behandeln, sondern um eine Umkehrung des Denkens. Sobald ich mir einfach sicher bin, daß mein Körper bestimmte Dinge tun kann, kann er es auch. Und hier in diesem Schwimmbecken lernte ich dies auf ganz einfache Weise. Ich selbst bestimmte das Tempo, in welchem wir voranschritten, und hatte jederzeit die Wahl weiterzumachen oder abzubrechen. Es wurde mir immer deutlicher, daß ganz allein ich die Arbeit leistete, und Adam mir im Grunde nur durch seine Präsenz, Intuition und fachkundige Anleitung den Rahmen für die Erfahrung gab, daß sich alle meine Probleme ganz einfach durch eine Veränderung in meinem Bewußtsein lösen lassen. Bisher dachte ich: „Ich kann nicht schwimmen", also schwamm ich nicht. Jetzt wußte ich, daß ich schwimmen kann und wollte, und schwamm mich frei. Eine Erkenntnis, die sicher nicht nur für das Schwimmen gilt.

In den zwei Tagen im Schwimmbad, die mit dem Tummeln im Wellenbecken und dem Sprung vom Startblock ins tiefe Wasser endeten, habe ich noch weitere bedeutende Erfahrungen gemacht, die bestätigen, daß ich alles schaffen kann, wenn ich es nur will. So war ich tatsächlich gerne in der Sauna, obwohl ich vorher panische Angst vor engen Räumen und vor Hitze hatte, lag nackt in der Sonne und bekam trotz meiner bis dahin bestehenden Sonnenallergie nicht den kleinsten Sonnenbrand, und ich vergaß teilweise meine Brille, ohne die ich eigentlich blind wie ein Fisch bin, weil ich mich immer besser ohne sie orientieren konnte.

In dem Maße, wie ich mich selbst neu entdeckte, sah ich auch die Welt mit anderen Augen. Ich war eins mit dem Wasser geworden und war nun auch verbunden mit den Menschen und der Natur um mich herum. Das Gefühl des Abgetrenntseins hatte sich im Wasser aufgelöst. Jetzt sah ich nicht zuerst das Negative an Menschen und Dingen, sondern konnte mich an Kleinigkeiten freuen und bemerkte das Positive und Schöne überall um mich herum. Das Lächeln, das ich in mir spürte, wurde mir zurückgegeben. Menschen, die ich überhaupt nicht kannte, suchten den Kontakt mit mir. Ich war in diese Welt zurückgekehrt.

Fallbeispiele

Und hinter alledem stecken die unglaublich einfachen aber machtvollen Gedanken: „Ich kann das"; „Alles ist einfach"; „Ich mag mich und vertraue mir"; „Die Welt ist schön". Dieses sind keine leeren Floskeln des häufig kritisierten „positiven Denkens", wie ich bis dahin meinte, sondern ich habe real erfahren, daß sie mein Leben verändert haben. Zwar gibt es auch jetzt im Alltag immer wieder Gelegenheiten, in denen ich in alte Verhaltensmuster zurückfalle, aber seit ich bei Adam gelernt habe, mich selbst, sowie negative Gedanken und Gefühle in Liebe loszulassen, hat mein Leben eine völlig neue Qualität bekommen. Ich weiß, ich kann mich diesem Leben, was auch immer es mir noch bringen mag, so wie dem Wasser anvertrauen, und die Energie, die ich stets darauf verwandt habe, mich selbst und andere ständig unter Kontrolle zu halten, für kreativere Tätigkeiten und neue Aufgaben verwenden. Nach achtunddreißig Jahren habe ich heute das erste Mal das Gefühl, daß ich wirklich lebe.

Ich danke Adam und vor allem auch: mir selbst.

Anhang

*Lichtfarbe und Klang führen zu
Erfahrung und Wissen,
Erfahrung und Wissen führen zu
Erkenntnis und Weisheit,
Erkenntnis und Weisheit führen
nur mit gelebter Liebe
und Gottes Gnade zum Ziel.*

Anhang

1 Schlußwort – Aura der „Endzeit"

Menschen, die häufig aus verschiedenen Quellen, von heutigen und gestrigen Propheten, von der Endzeit hören, denken an das Ende der Welt. Damit begrenzen sie ihre eigene Existenz, die unter anderem im Denken verankert ist. Sie verstoßen mit diesen Gedanken gegen das Gesetz des ewigen Lebens. Die Konsequenz daraus ist Angst, die uns zeigt, daß wir etwas in uns tragen, das mit der göttlichen Ordnung in Konflikt steht und das Resultat fühlt sich unangenehm an. An diesem Beispiel sehen wir, wie das Denken vom Fühlen ergänzt und letztendlich vom Wollen begleitet wird, bevor es in die Realisationsphase geht. Also das Denken leitet einen Prozeß ein, der mit Fühlen, in diesem Fall mit Angst ergänzt wird und dann vom Wollen begleitet, in die Manifestation führt. Das Denken der Neuzeit bildet nur paradiesische Bilder in uns. Das fühlt sich natürlich angenehm an und die Manifestation, die immer mit Wollen begleitet wird, beschert uns Freude, Stärke und Einheit in der Liebe.

Was meinen dann Menschen wie der Seher Nostradamus oder in der jüngsten Geschichte der Anthroposoph Dr. Rudolf Steiner, wenn sie von der Endzeit sprechen? Gemeint ist eine Endphase von bestimmten Welt- und Lernprozessen, die zu einer höheren Entwicklungsstufe der Menschheit geführt hat und jetzt zum Abschluß kommt.

Das kommende Neue ist immer besser als das, was in der Vergangenheit geschehen konnte, weil wir durch die erlebten Erfahrungen, Konfrontationen mit uns und der Außenwelt, durch Lernprozesse gegangen sind, welche die Basis für die Zukunft bereichern, erleichtern und ergänzen. Daraus resultiert die Möglichkeit, ein harmonisches, glückliches Leben zu führen. Dies ist eine Gesetzmäßigkeit, die natürlich auch dann zutrifft, wenn wir etwas anderes glauben. Alle glauben, auch die Atheisten. Sie glauben nämlich daran, daß sie sterben und

Schlußwort – Aura der „Endzeit"

mit der Auflösung des materiellen Körpers aufhören zu existieren. „Glauben" heißt im Volksmund „nichts zu wissen", aber so zu handeln, als ob es ein mit Beweisen fundiertes Wissen wäre. Wenn wir noch glauben, beweisen wir uns selbst, daß wir noch nicht dort sind, wo uns die nächste Weltentwicklungsstufe abholen kann. Dieser Satz klingt so provokativ, daß er einer Erläuterung bedarf. Alle Informationen und Beweise für unsere göttliche Existenz tragen wir in uns. Unentdeckt benötigen sie eine Führung *zu uns*. Diese Führungsaufgabe übernehmen, so war es auch in der Vergangenheit, die kirchlichen Institutionen, die helfen, Gott in uns zu finden. Die Methoden der Kirchen sind immer an die Menschen angepaßt, die an sie gebunden sind. Es kann im Extremfall die beste Hilfe sein, wenn diesen Menschen Schuldgefühle zugefügt werden. Sie benötigen soviel Stärke, bis sie irgendwann Stop sagen und bereit sind, nach innen zu gehen, sich selbst zu entdecken, zu befreien und in die göttliche harmonische Einheit zu gelangen. Dann aber haben sie auch das entsprechende Bewußtsein dafür und sind der kirchlichen Institution dankbar, daß sie die Vorbereitung für die nächste Entwicklungsphase geleistet hat. Die kritische Auseinandersetzung mit der Vergangenheit, in diesem Fall mit der Institution der Kirche, zeigt uns, daß wir noch nicht dort angekommen sind, wo wir zu sein *glauben*. Wenn wir schon im göttlichen Bewußtsein eingebettet sind, können wir nicht ängstlich sein. Angst ist notwendig, um uns wie Lackmuspapier zu zeigen, daß wir vielleicht nur noch eine Kleinigkeit im Denken und Fühlen verbessern sollten, um wieder in die universelle Ordnung zu gelangen. Es ist eine Hilfe, eine Unterstützung, ein Beschleuniger unserer Entwicklung, vorausgesetzt, wir gehen mit der Angst so um, wie oben beschrieben. Wenn wir Angst als etwas Unangenehmes annehmen, siedelt sie sich in unserem Bewußtsein für längere Zeit an. Ihre destruktive Wirkung kann sogar zu körperlichen Schäden führen. Mit unserem Buch wollen wir jene Menschen auf ihrem Weg begleiten, die verstehen wollen, was es mit dem ewigen Leben auf sich hat. Das sind Menschen, die eine Chance für sich sehen, eine Entwicklungszeit abzuschließen, in der noch Schuld, Ängste, Urteile, Vorurteile usw. existierten. Sie haben schon die Erkenntnis gewonnen, daß es universelle Gesetze wie das Resonanzgesetz gibt und sind sich über deren präzise Wirkungen im Klaren. Sie wissen, daß alles, was wir gedacht und gefühlt haben, als Bestätigung in unserer Welt realisiert wird. Die Gesetzmäßigkeit wird jeder in sich selbst vertiefen und verarbeiten wollen, um das Neue in sich zu entdecken. In dem Moment, in dem wir im Neuen zu „leuchten" anfangen, haben wir das Alte beendet. Dann werden wir mit Freude die Endzeit unseres letzten Bewußtseins erleben dürfen. Meine Aufgabe ist, den Menschen, die zu mir kommen, zu zeigen, was in ihnen „leuchtet", was für Energien in ihnen schon frei sind, bzw. frei erarbeitet wurden. Diese befreienden Prozesse von verkrampften, dunklen Energien in befreite, leuchtende wird von allen Weisen als Erleuchtung bezeichnet. Wir fangen an zu leuchten und wir bezeichnen uns als erleuchtete Menschen. Die Endzeit ist nicht für alle Menschen gleich. Ein Datum würde ich nie einsetzen, so wie es Nostradamus oder Steiner getan haben. Ein Datum zu setzen ist dann sinnvoll, wenn wir es als Orientierung und Hilfe annehmen. Für die verbleibende Zeit fassen wir den Entschluß und stärken den Mut zur Veränderung, um uns zu befreien und bewußt in die nächste Entwicklungsphase zu schreiten. Um etwas Neues entstehen zu lassen, muß das Alte abgeschlossen werden und zerfallen. Die Zerfallsprozesse können wir überall beobachten, wenn wir uns die Wirtschaft, Politik und Moralgesetze anschauen. Und wir werden feststellen, daß die Zerfallsprozesse schon längst begonnen haben und immer in Unordnung und Chaos enden. Ein geordneter Purzelbaum ist auseinandergefallen. Ab dem Zeitpunkt, wo alles in Chaos, Unordnung und Destruktion mündet, bekommen einige Menschen Ängste. Sie werden mit ihren beschränkten Existenzen, mit ihren in Illusion verhaftetem Denken, Fühlen und Wollen konfrontiert und von Leid, Schmerz, Kritik und Krankheit begleitet. Dies sind Beispiele von Menschen, die die Prüfung für die nächste Entwicklungsstufe noch nicht bestan-

Schlußwort – Aura der „Endzeit"

den haben. Sie können sich selbst nicht helfen und brauchen Hilfe. Hilfe von denen, die schon die Endzeit hinter sich haben und in der neuen Zeit leben. Denn diese sehen dasselbe ganz anders. Sie sehen überall Chancen, eine neue Ordnung zu schaffen und dies ist nur möglich, wenn die alte zerfallen ist. Die Freude daran, jetzt diese Chance zu bekommen, ist riesig. Die bewußte Tätigkeit in dieser neuen Aufgabe macht außerordentlich viel Spaß und Freude. Auch den anderen zu zeigen, wie wunderschön dieser Schöpfungsprozeß sein kann, sie mitzureißen ist eine sehr dankbare pädagogische Aufgabe. Die neuen Verhältnisse in der Welt werden nur so sein können, wie unser Bewußtsein es zuläßt. In der realen Welt gibt es keine Grenzen. Die Grenzen für das Neue setzen wir uns selbst und sie werden die gleichen sein, die bereits in uns existieren, wenn wir sie nicht erweitern oder auflösen. Je mehr Menschen mitgerissen werden in das neue Bewußtsein, desto mehr Welten auf der Grundlage von Freiheit, Liebe und universeller Ordnung können aufgebaut werden. Wir sind alle miteinander verbunden. Unsere Existenz hängt nicht nur von uns selbst ab. Wenn ich mir mein Paradies aufbaue, strahlt es aus und bewirkt eine Kettenreaktion in meiner Umgebung. Wir dürfen in unseren Gedanken keinen Menschen ausschließen, denn ohne ihn würde die Einheit im Universum unvollständig sein. Jeder von Ihnen sollte sich bewußt machen: Ohne mich ist die Welt unvollständig, ohne mich wäre die Ganzheit keine Ganzheit. Alles was ich denke, fühle und möchte, ergänzt die Einheit des kosmischen Universums. Ich bin sehr wichtig in dieser Ordnung. Diese Verantwortlichkeit und Dankbarkeit zu empfinden, führt automatisch zu Demut vor der wunderschönen Welt. Ich hoffe, daß ich mit dem Titel **„Aura der Endzeit"** Menschen angezogen habe, die bis jetzt noch in Ängsten gelebt haben und denen aufgrund des Lesens dieses Buches klar wurde, was sie wirklich sind, wie groß und wichtig sie für diese Welt sind und daß sie tatsächlich einen Weg in die Freiheit beschreiten können. Die Aurafotografie unterstützt diese Prozesse. Durch das Aurabild kann ich jedem Menschen zeigen, wie hell seine Stärken sind, wie leuchtend und erleuchtet er schon ist und ihm den Weg zeigen, wie er seine Schattenseiten, seine unerleuchteten Teile der Persönlichkeit, einfach auflösen, befreien, entspannen und zum Leuchten bringen kann. Ich kann ihm zeigen, daß es einfach ist, sich selbst zur Sonne zu machen um Tag und Nacht nur Licht auszustrahlen und nach dem kosmischen Resonanzgesetz nur Licht als Antwort zu bekommen. Es ist wunderschön, nur von Licht umhüllt zu werden, im Licht baden, Licht anzunehmen, Licht zu verschenken und alles, was dunkel ist, mit eigener Lichtstärke zum Leuchten zu bringen. Die Dunkelheit existiert in der Wirklichkeit nicht. Sie entsteht aufgrund einer Dichte, die das Licht nicht durchläßt. Wenn wir diese Dichte auflösen und transparent machen, entsteht kein Schatten mehr. Den Beweis dafür kann sich jeder liefern, indem er mit einer brennenden Kerze in ein dunkles Zimmer geht. Die Dunkelheit weicht dem Licht. Es wurde Licht in die Dunkelheit gebracht. Es wird zu einer erlebten Tatsache. Umgekehrt ist es nicht möglich, Dunkelheit ins Licht zu bringen. Wir können es versuchen und uns damit beweisen, daß in der Wirklichkeit nur Licht und keine Dunkelheit existiert. Wenn wir zu dieser Erkenntnis gelangt sind, befinden wir uns schon in der neuen Zeit und haben die Endzeit hinter uns gebracht. Die Menschen, die zu mir kommen, sind ohne Ausnahme an der Grenze zwischen der alten und der neuen Zeit. Solche, die das Ende der alten Zeit noch nicht in Sicht haben, haben kein Bedürfnis, sich damit auseinander zu setzen. Menschen, die schon in der neuen Zeit angekommen sind, brauchen mich nicht. Sie sind schon erleuchtet. Sie leuchten und haben sich schon ihr eigenes Paradies aufgebaut. Sie leben nicht mehr in dem begrenzten Bewußtsein, in dem alles vergeht, wo alles endlich ist, wo noch Schuld und Schmerz existiert. Sie sind sich schon ihrer eigenen Größe und Schönheit im ewigen Leben bewußt. Sie lassen sich durch die Illusionen der wunderschönen Spiegelwelt, der materiellen Welt, die endlich in jeder ihrer Form ist, nicht täuschen. Wer sich nicht selbst täuscht, braucht keine Ent-täuschung. In meiner Arbeit bin ich für die

Schlußwort – Aura der „Endzeit"

Menschen zuständig, die an der Endzeit ihrer Bewußtseinsentwicklung angekommen sind und bereit sind, in die Neuzeit zu gehen. Möge diese Arbeit viele Menschen erreichen, die bereit sind, ihre alte Welt zu verlassen, die alte Zeit zu beenden, die Endzeit Realität werden zu lassen und als Erleuchtete so stark zu leuchten, daß sie eine Kettenreaktion in unserer Welt bewirken.

2. Farbtafeln

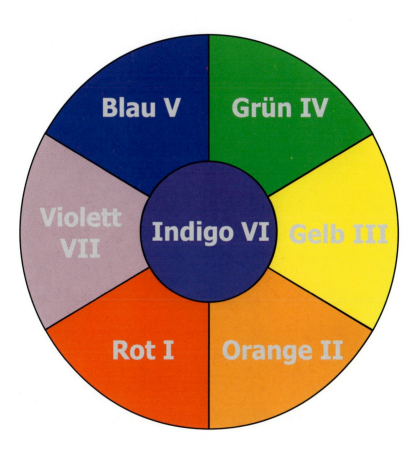

Anhang

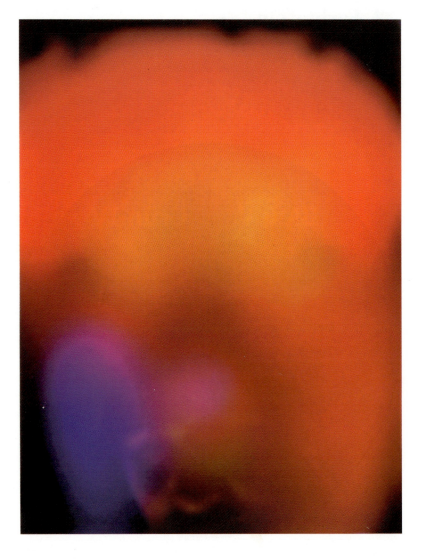

Auf diesem Bild dominiert die Farbe Rot, die im ersten Chakra erzeugt wird (siehe Seite 64).

Farbtafeln

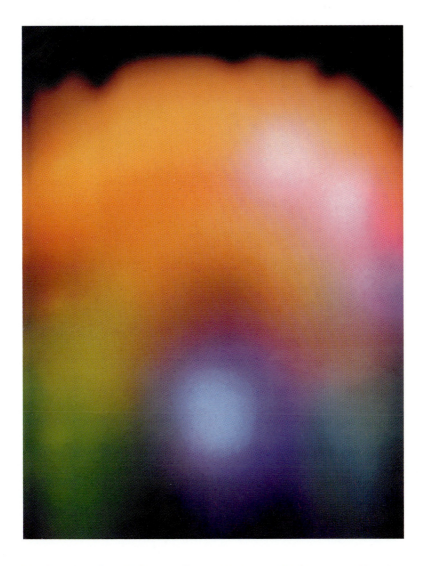

Die beherrschende Farbe dieses Bildes ist Hellorange. Diesen Menschen charakterisiert seine Heiterkeit (Siehe Seite 65).

Anhang

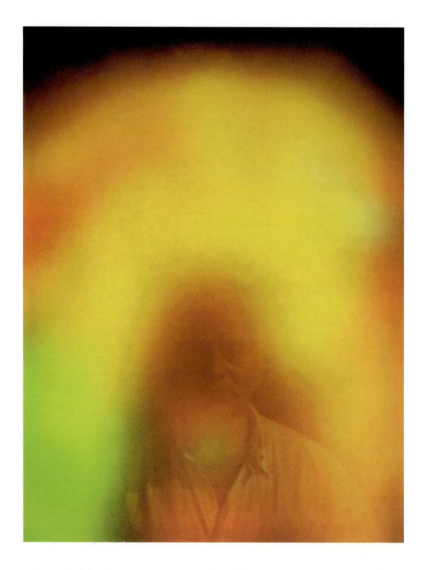

Dieses Bild zeigt uns die hellgelbe Aura eines Menschen. Die göttliche Heiterkeit mischt sich mit den intellektuellen Fähigkeiten (siehe Seite 67).

Farbtafeln

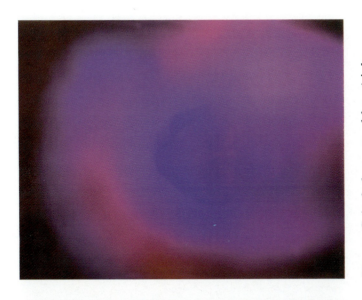

Jürgen Grieshaber – nachher (siehe Seite 68).

Jürgen Grieshaber – vorher (siehe Seite 68).

Anhang

Das Bild zeigt uns, daß diese Dame viel mit der Farbe der Gerechtigkeit arbeitet (siehe Seite 70).

Farbtafeln

In diesem Bild wollen wir uns mit der Energie des dritten Auges beschäftigen, also mit der Farbe Indigo (siehe Seite 71).

Anhang

Hier geht es um das siebte Chakra, um die violette Energie (siehe Seite 73).

Farbtafeln

Zwei Jahre später – das Mädchen strahlt voller Liebe in hellem Magenta (siehe Seite 73).

Anhang

Heike Haken – vorher (siehe Seite 97).

Farbtafeln

Heike Haken – nachher (siehe Seite 97).

Anhang

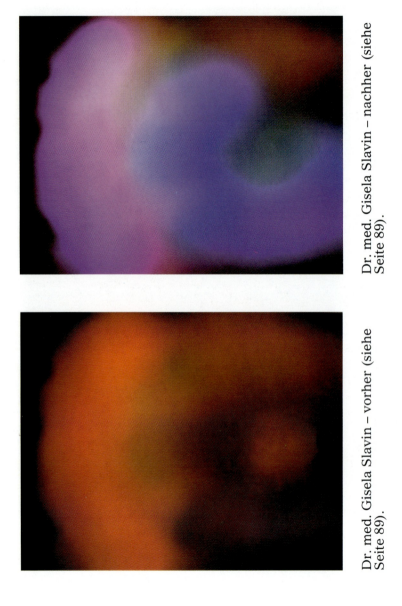

Dr. med. Gisela Slavin – nachher (siehe Seite 89).

Dr. med. Gisela Slavin – vorher (siehe Seite 89).

3. Über die Autoren

Josef Adam Mazur

Erst mit dem 3. Hochschuldiplom in der Hand hatte ich begriffen, daß an den Universitäten „nur" das Wissen und nicht die Weisheit zu finden ist. Als ich in der Gynäkologie und Geburtshilfe arbeitete, stellte ich fest, daß Frauen, die ihre Aufgaben bewußter wahrnahmen, leichter und schneller gebaren. Daraufhin spezialisierte ich mich in Psychoprophylaxe und Kinesiotherapie. Ende der 70er Jahre gründete ich die erste Geburtsschule in Schlesien. Meine nächste Entwicklungsstufe war die Lehrtätigkeit an Waldorfschulen in Deutschland. Ein starkes Schicksalserlebnis zeigte mir meine Lebensaufgabe. Sie ist als Bewußtseinserweiterungsprozeßbegleitung zu verstehen. Seitdem ich als Gastprofessor für Bioenergetik tätig bin, verstehe ich mich mehr als Ausbilder von Menschen, die im Bereich Bewußtseinserweiterung tätig sein wollen. Es handelt sich in erster Linie um Fortbildung für Ärzte, Psychologen, Pädagogen, Heilpraktiker. Ich glaube nur an die hellen, göttlichen und heilen Seiten der Menschen und deren Lichtprogramme. Danach gestalte ich meine Welt und begleite Menschen, die sich ebenfalls bewußtseinsmäßig so entwickeln wollen.

Rosemarie Gitta Pade

Während meiner Tätigkeit als Pharma Referentin war ich noch eine überzeugte Anhängerin der Schmulmedizin. Als mein Mann Jahre später durch das Fehlverhal-

Anhang

ten einiger Schulmediziner zum körperlich und geistig Behinderten wurde, schwand mein Vertrauen rapide. Während der 8-jährigen Pflegezeit befaßte ich mich intensiv mit der Naturheilkunde und allen alternativen, esoterischen und geistigen Möglichkeiten. Nach dem Tod meines Mannes war ich selbst am Ende meiner Kräfte und lernte kurz danach auf der Paracelsus Messe Herrn Mazur und seine Aura-Foto-Diagnose kennen. Ich fühlte mich von diesem Thema wie magisch angezogen und befaßte mich eingehend damit. Wie aber kann ein fremder Mensch, der mich nicht kennt, aufgrund eines Aurafotos meine derzeitige Situation so klar erkennen und diese exakt beschreiben, und mir Hilfe zur Selbsthilfe geben? Ich erfuhr viel mehr über mich selbst und erlebte die wunderbare Hilfe dieser faszinierenden Möglichkeit.

Heute bin ich meinem Schicksal und meiner geistigen Führung dankbar für die Reifeprozesse, die ich erleben durfte und ich möchte Ihnen, liebe Leser meinen Leitspruch sagen, der mich die letzten Jahre begleitet hat: „Am Ende des Tunnels ist Licht". Und nun bin ich im Licht!

4 Aktivitäten für die Leser

Folgende Titel sind bereits erschienen:

Mazur als Co-Autor: „Feinstoffliche Energien in Wissenschaft und Medizin"; Aeon-Verlag, Weißenstein

Mazur/Pade: „In Liebe geschieden"; Aquamarin Verlag, Erscheinungstermin 1. Quartal 1999

Mazur/Pade: „Begleitung zur Heilung"; imv Verlag Stuttgart

Beide Autoren sind der Meinung, daß die innere Beweglichkeit durch die äußere unterstützt werden soll. Einige Seminare werden deswegen mit körperlichen Aktivitäten kombiniert. Vorkenntnisse und körperliche Kondition sind nicht erforderlich. Die Möglichkeit zur Aura-Foto-Diagnose besteht bei allen Veranstaltungen.

- Skikurse in den Alpen für Teilnehmer, die durch Überwindung ihrer Ängste und Blockaden die eigene Entwicklung beschleunigen wollen.
- Segeltouren für Menschen, die Erfahrungen mit Luft (Denken-Ziele), Wasser (Gefühle-Akzeptanz), Erde (Wille-Umsetzung) machen möchten.
- Bergwanderung mit Lichternährung, jährlich eine Woche um den 21. Juni.
- Spirituelle Fernreisen, z.B. Nepal: Zur Erweiterung unseres christlichen Bewußtseins mit dem Kulturgut fremder Zivilisationen.
- Reif für die Insel? Partnerschaft der Zukunft im Paradies leicht zu erlernen.
- Bewußtseinserweiterungs-Kurse, stationär an verschiedenen Orten des deutschsprachigen Raumes.
- Partnerschafts-Seminar für Paare, die ihr Beziehungsleben verändern wollen.

Nähere Informationen: Josef Adam Mazur,
Moorweg 32a, 22955 Hoisdorf

Tel. und Fax 04107-5555, -330585, -330586
e-mail: Adam Mazur@aol.com

IN LIEBE GESCHIEDEN
Ein Beziehungs-Trennungs-Training

Neue Wege zu einem besseren Verständnis von Partnerschaften

Die Scheidungsrate in Deutschland, Österreich und der Schweiz nähert sich unaufhaltsam der fünfzig Prozent-Marke. Nahezu jede zweite Ehe im deutschsprachigen Raum wird inzwischen geschieden. Nur in den seltensten Fällen laufen diese Trennungen ohne Schmerzen und Verletzungen ab. Weder die Gesellschaft noch die einzelnen Menschen sind bisher darauf vorbereitet, Scheidungen oder Trennungen verantwortungsbewußt und liebevoll durchzuführen. Das Autorenpaar Rosemarie Pade und Josef Mazur legt mit diesem Werk erstmals ein Handbuch vor, das gewissermaßen als „Beziehungs-Trennungs-Training" dienen kann. Ausgehend von konkreten Fällen, entschlüsseln sie die oft verworrenen Bindungen in Beziehungen, die nur von innen heraus gelöst werden können. Dieses Buch gibt Hinweise, die jedem die Möglichkeit eröffnen, den Weg zu einer „Scheidung in Liebe" zu betreten.

Pbk., 200 Seiten
DM 19,80, Sfr. 19.-, ÖS 145.-
ISBN 3-89427-118-3

Aquamarin Verlag
Voglherd 1 • D-85567 Grafing
Tel. 08092/9444 Fax 1614

Ein außerordentlich notwendiges und hilfreiches Buch in einer Gesellschaft, in der Bindungen vielfach nur „auf Zeit" eingegangen werden.

Erscheinungstermin: Januar 1998